누구도 삶을 혼자 짊어지지는 않기에

지은이 **변지영**

작가, 임상·상담심리학 박사. 차의과학대학교 의학과에서 조절초점이 정신건강에 미치는 영향에 관한 연구로 박사학위를 받았다. 신경과학의 최근 발견들을 토대로 심리학 이론을 재해석하는 작업을 하면서 『이토록 뜻밖의 뇌과학』과 『나를 잃어버린 사람들: 뇌과학이 밝힌 인간 자아의 8가지 그림자』를 번역했다. 지은 책으로 『순간의 빛일지라도, 우리는 무한』 『우울함이 아니라 지루함입니다』 『생각이 너무 많은 나에게』 『미래의 나를 구하러 갑니다』 『내 마음을 읽는 시간』 『내가 좋은 날보다 싫은 날이 많았습니다』 등이 있다.

누구도

삶을

혼자
짊어지지는
않기에

변지영의
데리다 쓰기

그린비

누구도 삶을 혼자 짊어지지는 않기에
—변지영의 데리다 쓰기

초판1쇄 펴냄 2026년 3월 31일

지은이 변지영
책임편집 이진희 | **책임디자인** 심민경

펴낸이 유재건
편집주간 이진희
편집장 문혜림
편집부 민승환, 전혜빈
디자인팀 심민경, 조예빈
독자사업 류경희
경영관리 장혜숙
펴낸곳 (주)그린비출판사
주소 서울시 서대문구 이화여대2길 10, 1층
대표전화 02-702-2717 | **팩스** 02-703-0272
홈페이지 www.greenbee.co.kr
원고투고 및 문의 editor@greenbee.co.kr

ISBN 979-11-94513-49-0 93160

독자의 학문사변행學問思辨行을 돕는 든든한 가이드 _(주)그린비출판사이 유예의 시간을 즐기자.
다음에 우리에게 어떤 일이 닥칠지
아무도 알 수 없으니.

—자크 데리다[*]

[*]   Jacques Derrida, "Abraham, the Other", in *Judeities: Questions for Jacques Derrida*, ed. Bettina Bergo, Joseph Cohen, and Raphael Zagury Orly, trans. Bettina Bergo and Michael B. Smith(New York: Fordham University Press, 2007), 18.

1부

세계는 저 멀리 있고

2부

나는 너를 짊어지고 가야만 한다

1부
세계는 저 멀리 있고

1
편지

당신은 연애편지를 쓰고 있다.

온 마음을 담아 정성껏 쓴 편지를 사랑하는 사람에게 보낸다. 그 순간만큼은 기쁨에 가득 차 있다. 아직 자기동일성의 세계 안에 있기 때문이다. 자신의 마음이 오롯이 전달되고 그에 상응하는 응답이 되돌아올 것이라는 믿음, 곧 '나'와 '너' 사이에 본질적인 간극이 없으며 있는 그대로 이해되리라는 전제 위에 있기 때문이다. 그러나 오래지 않아 그 믿음에 균열이 생기기 시작한다.

답장은 언제나 불충분하다. 돌아온 반응에는 무언가가 빠져 있다. 성의가 부족하거나 표현이 빈약하거나 내용이 뜬금없거나 기대에 미치지 못한다. 잠시 실망에 젖은 당신은 다시 마음을 다잡아 또 다른 편지를 쓴다. 이번에는 좀 더 구체적으로 상대방이 더 잘 느낄 수 있도록, 더 기뻐하거나 더 감동할 수 있도록 정성을 기울여 써 보낸다. 하지만 이번에도 마찬가지이다.

답장은 역시 불충분하다. 어딘가 불만족스럽고 서운하고 아쉬운 마음이 남는다. 그럼에도 며칠이 지나면 당신은 또 다른 편지를 쓸 것이다. 이번에는 더 충분한, 더 만족스러운 답장이 오기를 기대하면서 다시 쓸 것이다. 그리하여 당신이 계속 편지를 쓰게 만드는 것이 그 불충분한 회신이라는 것을 알지 못한 채 편지는 계속된다. 당신이 무엇을 기대했는지 알지 못하기에 편지는 계속 쓰이고, 당신이 무엇을 기대했는지 알지 못하기에 회신은 늘 실망스럽다. 이 모든 반복은 무의식적으로 어떤 정점, 원점 혹은 완결에 도달할 수 있으리라는 전제를 따르고 있다. 언젠가는 오롯이 이해받고 응답받으리라는, 타자에게 닿고 타자로부터 돌아오리라는 믿음.

존재의 기초, 근원, 본질 혹은 도달해야 할, 완결해야 할 궁극의 목적 같은 것. 이런 것들을 우리는 암암리에 당연하다고 생각하기 때문에 삶의 방향이나 존재의 이유가 있어야 한다고 믿고, 내가 나답게 살지 못한다고 고민하거나 있는 그대로의 나를 인정해 주고 진심으로 사랑해 주는 사람이 없다며 슬퍼한다. 하지만 이런 평범한 기대들조차 나도 모르는 사이에 학습된 서사의 일종이라는 것을 당신은 눈치채기 어렵다.

당신의 편지는 세상을 향해 나아가는 듯 보이지만, 결국 자아의 집으로 되돌아온다. 답장이란 결국 자아를 확인하려는 수단이기 때문이다. 이처럼 타자를 향하는 듯한 모든 움직임은, 실은 자기동일성을 확인하려는 반복된 시도일지 모른다. 이 반복을 멈추기 위해서는 동일성의 순환을 멈추고 응답 불가능성, 도달 불가능성 자체를 받아들이는 새로운 인식이 필요하다. 하지만 자기동일성의 세계는 생각보다 교묘하고 견고하다.

인간의 사고와 행동에 반복적으로 나타나는 순환성과 환원성은 단지 심리적 현상에 그치지 않는다. 그것은 철학적이며 윤리적인 인식의 문제이기도 하다. 이를 깊이 사유한 철학자가 있다. 리투아니아 출신 유대계 프랑스 철학자 에마뉘엘 레비나스이다. 그는 서구 철학이 오랫동안 자기동일성을 사유의 중심에 두어 왔으며, 그 구조는 마치 오디세우스의 여정처럼 '자기에게로의 귀환'을 전제하고 있다고 본다.[1] 이러한 동일성 중심의 사유는 타자를 억압하고, 결국 전체화하려는 욕망으로 이어진다. 레비나스에 따르면 바로 이러한 사유 구조가 극단적 폭력과 학살을 가능하게 한 철학적 조건 중 하나였다. 나치즘과 파시즘의 이데올로기는 '순수한 동일성'이라는 이상을 추구하며 타자를 제거하려는 폭력이었다.

오디세우스는 고대 그리스의 서사시 『오디세이

---

1   Emmanuel Levinas, "The Trace of the Other", in *Deconstruction in Context: Literature and Philosophy*, ed. Mark C. Taylor(Chicago: University of Chicago Press, 1986), 345~359.

아』*The Odyssey*의 주인공이다. 트로이 전쟁이 끝나고 고향 이타카로 돌아가기까지 그는 10년 동안 바다 곳곳을 떠돌며 수많은 시련을 겪는다. 신들과 괴물, 유혹과 재난 속에서도 그는 끝내 자신의 집과 가족, 자신의 자리를 되찾는다. 그의 여정은 낯설고 위험한 세계를 통과하지만, 궁극적으로는 자아의 동일성을 재확인하고 회복하는 길이다. 출발점과 도착점은 이미 정해져 있고, 그 사이에서 자아를 형성하는 시련을 겪은 뒤, 결국 자아의 연속성을 확인하며 본래의 자리로 복귀한다.

　　레비나스의 설명에 따르면 오디세우스의 이야기는 유럽 철학이 의식을 이해해 온 방식과 닮아 있다. 서양의 사유 전통에서 의식은 그 어떤 모험 속에서도 끝내 자기 자신을 되찾고, 오디세우스처럼 모든 방랑의 끝에서 결국 고향으로 돌아오는 존재였다. '나'를 중심에 놓고 그 외부를 주변화하며 파악하는 이러한 사유는, 의식을 하나의 중심 또는 축으로 상정하고, 세계를 그에 맞추어 질서 지우려는 경향과 연결된다. 이는 마치 '본래의 나'라는 어떤 참된 자아가 존재하며, 세계

속의 다양한 경험은 그것을 재발견하거나 복원하기 위한 과정이라는 믿음으로 이어지기도 한다. 그러나 중심과 동일성을 향한 복귀의 사유는, 차이와 다양성을 제거하거나 포섭하여 타자성을 지우려는 전체화의 환상으로 이어질 수 있다.

레비나스는 이러한 동일성 중심의 사유 구조가 결국 전쟁과 학살 같은 역사적 폭력으로 귀결되었다고 비판한다. 그는 이에 대한 대안으로 '예루살렘의 전통'을 제시하는데, 여기서 의식은 더 이상 오디세우스 같은 방식이 아니라 '아브라함'과 같은 방식을 따른다. 아브라함은 신의 부름을 받아 고향과 익숙한 세계를 떠나 목적지조차 알 수 없는 여정에 나선다. 그의 길은 복귀 없는 여정이며, 그는 영원히 길 위에 머무는 자, 다시 돌아갈 수 없는 자이다. 이해를 넘어선 명령 앞에 서게 되는 아브라함은 절대 타자에게 응답해야 하는 과제를 부여받는다. 레비나스는 바로 이 귀환 불가능성 속에서 윤리의 가능성을 본다.

오디세우스가 끝내 자기 자신에게 되돌아가는 자

라면, 아브라함은 끊임없이 자기 자신을 떠나는 자이다. 전자가 귀환의 운명이자 자기 완결의 욕망이라면, 후자는 떠남의 운명이자 타자를 향한 책임이다. 오디세우스의 철학이 자기동일성을 기준으로 세계를 통합하려는 사유라면, 아브라함의 철학은 그러한 동일성의 중심을 벗어나 타자를 향해 나아가려는 응답의 윤리를 제시한다. 레비나스에 따르면 타자가 먼저 있다. 타자는 언제나 나를 앞선다. 그리고 나는 그 타자의 부름에 응답함으로써 존재하게 된다.

당대 유럽 철학계에서 가장 영향력이 컸던 하이데거의 '존재의 철학'에 결정적으로 빠져 있는 것이 '타자'임을 주목한 레비나스. 형이상학에서 존재를 구해내려 하지만 녹록지 않아 보이는 하이데거에게 의문을 던지며, 그 기원이 '내부'가 아니라 오히려 '바깥'에 있음을 주장한 레비나스. 이 구도는 오디세우스와 아브라함의 대결, 그리스적 사고와 유대적 사고의 대결로도 볼 수가 있다. (물론 그 둘을 극단으로 밀어붙이면 결국 서로 구별하기 어려워지는 것을 데리다는 절묘하게 보여 준다.)

철학사상 최초로 '타자성'(alterity) 개념을 가장 높은 반열에 올려놓은 레비나스의 공로를 주목하면서 데리다는 이 개념을 더욱 급진적인 방식으로 파고든다. 그는 타자성을 결코 절대화할 수 없다고 봄으로써 오히려 절대 타자를 넘어서는, 더 타자적인 타자에 대한 사유로 나아간다. 타자가 절대적 기원이자 종착지로 고정되는 순간, 그 타자는 더 이상 타자일 수 없게 되기 때문이다. 또한 응답할 자가 나라고 확신한다는 것은 곧 선택받은 자로서의 오만과 나르시시즘으로 이어질 수밖에 없다.

"나는 이러한 나르시시즘적이고 범례주의적인 유혹, 즉 선택받음에 대한 미묘하고 뒤틀린 자기중심적 해석으로부터도 벗어나야 했다. 왜냐하면 이런 해석은 우리가 알고 있듯이 가장 폭력적인 형태의 국가주의, 심지어는 군국주의적이고 식민주의적인 국가주의로도 이어질 수 있기 때문이다."[2]

이러한 문제의식을 바탕으로 데리다는 아브라함을 또 다른 방식으로 호출한다. 레비나스의 아브라함은, 신의 부름에 직접 응답하는 윤리적 주체이며, 자신이 호출되었음을 확신하는 자이다. 그러나 데리다의 아브라함은, 신이 정말 자신을 부른 것인지, 혹시 다른 사람을 부른 것은 아닌지 확신할 수 없는 자이다. 따라서 그의 응답은 명확한 책임의 실현이라기보다 지연과 유예 속에서 이루어지는데, 이 유예란 결단의 부재가 아니라 오히려 결단 그 자체를 불가능한 것으로 만드는 구조적 조건이다. 데리다는 바로 이 불가능성과 지연의 구조를 통해 자아가 자기동일성으로 되돌아가는 닫힌 사유의 경로를 탈구축하려 한다.

"그 부름에 응답하는 누구든 끊임없이 의심해야 한

---

2   Derrida, "Abraham, the Other", 14.

다는 것, 자신이 제대로 들었는지, 원초적 오해가 있
었던 것은 아닌지, 정말로 자신의 이름이 불린 것이
맞는지, 자신이 그 부름의 유일한 혹은 최초의 수신
자인지, 아니면 다른 누군가를 폭력적으로 대체하
는 과정에 있지는 않은지, 책임의 법칙이기도 한 대
체의 법칙이 경각심과 염려를 무한히 증가시킬 것을
요구하고 있지는 않은지를 자문해야 한다는 것. 부
름을 받은 이는 내가, 나 자신이 아닐 수도 있다. 심
지어 어느 누구도, 단 한 사람도, 아무도 어느 누구
를, 특정한 이를, 누군가를 부른 바 없었을 가능성도
완전히 배제할 수 없다."[3]

그의 여정은 확고한 신념이 아니라 불가능한 응답
의 무게 속에서 이루어지는 끊임없는 유예이다. 문을
하나씩 닫으며 자기동일성의 집으로 귀환하는 것이 오
디세우스의 여정이라면, 문을 하나씩 열며 길 위에서

3 앞의 문헌,34.

절대 타자의 얼굴을 향해 나아가는 것이 레비나스의 아
브라함이다. 한편, 데리다의 아브라함은 집에 있을 수
도 길로 나갈 수도 없다. 어디로 가야 하는지 목적지가
분명하지 않은 데다 집 안팎에는 유령들이 가득하기 때
문이다. 데리다는 우리가 흡족히 여기고 안주할 만한
확신을 결코 갖지 못하게 만든다.

2
시차

그와 나 사이에는 언제나 '시차'가 있다. 어느 한 순간도 '같은 경험'을 하지 못한다. 그가 애틋해지는 순간 나는 냉담해지고, 내가 애틋해하는 순간 그는 냉담하다. 그가 슬픔을 말할 때 나는 듣지 않고 분석하며, 내가 슬픔을 말할 때 그는 듣지 않고 농담으로 비켜난다. 그래서 물리적이든 심리적이든 그와 나는 단 한 순간도 한곳에 있지 않게 되는데, 이것이 의도적인 것인지 무의식적인 것인지는 잘 모르겠다. 분명한 사실은 이 시차가 비로소 둘을 가능하게 한다는 것뿐이다. 두 개의 진자가 교차할 듯하다가도 결코 교차하지 않는 것, 두 개의 길이 만날 듯하면서도 결코 만나지 않는 것, 늘 일정 정도의 거리를 두고 있는 이 세계의 간극은 아주 큰 것은 아니지만 그렇다고 해서 간단히 건너뛸 수 있는 것도 아니다.

이러한 거리와 이질성은 '극복해야 할' 조건이 아니라 관계를 가능하게 하는 유일한 조건이다. 두 사람이 만약 서로를 아주 잘 이해하고 무조건적 신뢰와 한결같은 사랑으로 이어져 있다면 그것은 이미 관계가 아니다. 복종의 계약이거나 어느 한쪽이 다른 한쪽의 지배를 받고 있는 상태일 것이다. 완전한 공감은 타자를 나와 동일자로 만들어 버린 결과이므로 이미 공감이 아니다. 공감이란 그가 아닌 나로서 그에 대해 하는 것이지 그가 되는 것은 아니기 때문이다.

여기서 우리는 애도가 애도로서 충실하기 위한 유일한 조건을 생각해 볼 수 있다. 소중한 대상을 상실했을 때 우리는 자아의 일부가 무너지는 경험을 한다. 일이 손에 잡히지 않고, 그가 없는 세상은 더 이상 예전처럼 작동하지 않는다. 그런데 이런 상태는 대개 언제까지나 지속되지 않는다. 살아 있는 존재는 적응하고 변하게 되어 있다. 혼란과 균열을 일으키는 잃어버린 대상을 서서히 자아의 일부로 흡수해서 결국 자기동일성의 질서를 되찾는 것을 프로이트는 정상적인 애도의 과정이라 보았다. 하지만 이 과정에서 타자는 자아 내부로 받아들여지고 이상화되며, 따라서 사실상 잊힌다. 망각과 동일시로 이어지는 애도란 결국 살아남은 자의 양심을 편안하게 만드는 과정에 불과하다. 일상으로 돌아갈 수 있도록 죽은 타자의 타자성을 지워 버리고 자신의 일부로 삼는 것은, 사실상 타자를 두 번째 죽음으로 넘기는 것을 의미한다.

따라서 죽은 자를 한 번 더 죽이지 않는 유일한 방법은 정상적인 애도의 망각에 저항하는 것이다. 데리다는 프로이트의 애도 개념에 의혹을 제기한다. 만약 타자가 내 일부로 포섭될 수 있는 것이라면, 그것이 애초에 타자이기나 한 것일까? 타자로 착각한 자아가 아닐까? 잃어버린 대상의 일부를 내 것으로 소화한다는 것이 과연 가능한 일일까? 자신의 일부로 삼아 다시 새로운 질서를 잡고 살아가는 것은 다른 말로 하면 망각이 아닐까? 프로이트가 말하는 정상적인 애도란 결국 타자성을 지우고 타자를 자기동일성의 질서로 편입시키는 것이기에 결국 타자의 배제가 아닐까?

데리다는 애도를 "언제나 실패할 수밖에 없는 시도, 구조적으로 이미 실패할 수밖에 없는 시도"[4]라고 보았다. 잊지 않기 위해서는 대상을 내 안에 받아들여야 하지만, 타자를 내 안에 통합하거나 내사(內射, introjection)하는 것은 원래의 낯섦이나 차이를 지우는 폭력적인 행위이자 망각의 시작에 불과하기 때문이다. '그'의 경계를 지우고 나의 일부로 취하는 것은 나르시시즘적 욕망에서 비롯된 자아 확장에 불과하다. 다시 말해 애도하는 사람은, 한편으로는 타자를 내면화함으로써 그를 무관심 속에 방치하지 않으려 하지만, 동시

---

4   Jacques Derrida, *Points...Interviews, 1974-1994*, trans. Peggy Kamuf et al.(Stanford:Stanford University Press,1995), 321.

에 타자를 내면화하지 않음으로써 그의 개별성과 외재
성을 존중해야 하는 역설적 상황에 처해 있다.

그렇다면 진정한 애도는 어떻게 가능한가? 우리
안에 있으나 결코 우리 자신이 아닌 타자, 누군가의 상
실은 '그'의 보존으로 이어져야 한다. 즉 그의 이질성,
타자성을 지우고 내가 이해한 무언가를 씌워서 내 일부
로 포섭하지 말아야 한다. 그는 결코 나의 일부가 되어
서는 안 된다. 그런데 누군가를 기리고 기억하려면 어
떤 장소가 필요하다. 그래서 모든 문화권에는 죽은 자
들이 거주하는 공간, 즉 묘지가 따로 있다. 이곳은 살
아 있는 자의 공간과 구별된다. 이처럼 내가 애도할 대
상을 위해 어떤 공간을 만든다고 해 보자. 그곳은 내 안
에 있는 것도 아니요, 내 바깥에 있는 것도 아닌 나와 바
깥의 경계, 피부 같은 곳일 것이다. 늘 염두에 두지만 내
생각의 일부가 아니요, 나에게 끊임없이 영향을 끼치지
만 나의 일부로 포섭되지도 않는다. 이렇게 공간을 만
들어 그를 거하게 한다. 내가 그를 붙들어서 가두는 것

도 아니요, 내가 정한 모습으로 만들어 놓고 문을 닫는 것도 아니다. 그럴 권리도 능력도 내게는 없다.

이제 그는 그 장소를 스스로 알아서 넘나든다. 그곳은 뜻하지 않은 기억을 불러일으키기도 하고, 아무런 연관이 없어 보이는 일들에 새로운 의미를 새겨 넣기도 한다. 때때로 우리는 그곳에서 없는 목소리를 듣기도 하고 없는 형상을 보기도 할 것이다. 유령처럼, 없으면서 작동하는 이들은 어떤 주체도 타자성과 무관하지 않다는 집요한 진실을 상기시키는 존재이다.

하지만 상실의 대상이 복수일 때 상황은 좀 더 복잡해진다. 만약에 이 소중한 대상이 둘, 셋, 넷으로 늘어난다면? 나는 그 각각의 고유한 존재에 대한 애도를 과연 고유하게 치를 수 있을까? 나의 일부로 통합하지 않는 타자들을 나는 어느 정도까지 기리고 기억하고 간직할 수 있을까?

"나는 타인의 부름, 요청, 의무 혹은 심지어 사랑에

응답할 수 없다—다른 타인, 또 다른 타인들을 희생 하지 않고서는."[5]

누군가에게 응답함으로써 그를 제외한 다른 사람 들에 대한 책임을 저버릴 위험은 늘 있다. 누군가에 대 한 충실함은 이처럼 다른 누군가에 대한 소홀함이나 배 신이 될 수밖에 없다. 이러한 이중구속의 논리는 남아 있는 사람의 과제를 더욱 어렵게 만든다.

나의 일부로 결코 통합되지 않은 채 간직해야 하는 것, 그리고 그 충실함은 결국 불충실의 운명을 지닌다 는 것, 이 두 가지가 애도를 불가능성의 가능성으로 만 든다. 가능하지 않은 것을 가능하게 하는 힘은 어디에 있을까? 어쩌면 그것은 시차에 있을지도 모른다.

그리하여 다시 시차에 관한 얘기로 돌아가자면, 경험적이기도 하고 존재론적 간극이기도 한 이 시차는, 한계가 아니라 존재를 가능하게 하는 필수 조건이다.

5 Jacques Derrida, *The Gift of Death*, trans. David Wills(Chicago: University of Chicago Press, 1995), 68.

존재는 자기동일성의 확인으로 가능한 것도 아니요, 타
자의 부름으로만 가능한 것도 아니다. 이 사이를 왔다
갔다 하는 진자의 운동으로서만 가능하다. 이 거리 혹
은 시차, 의미의 지연이 없다면 더 이상 타자는 없다. 따
라서 각자도 존재하지 않는다. 무한이 무한으로, 영원
이 영원으로 있다면 그것은 더 이상 무한도 영원도 아
니다. 유한성이 무한을 그리고, 시간성이 영원을 말하
는 것이다.

　　애도의 불가능성이 결국 애도의 가능한 조건이듯,
사랑의 불가능성은 사랑을 가능하게 하는 유일한 조건
이 된다. 차이와 간극, 그리고 그 사이에서 벌어지는 의
미의 지연이 두 존재를 계속 연결시킨다. 불가해한 타
자성을 보존하는 것이 곧 고유성을 지키는 약속, 서로
에 대한 책임이다. 그리하여 애도는 결코 완결될 수 없
고, 사랑도 결코 완성되지 않는다. 그것들은 나의 피부
위에 새기고 묵묵히 짊어지고 가야 하는 것일 뿐이다.
끝없이 생성되는 존재이자 결코 도달하지 않는 우편물
인 우리는 계속 어긋나면서도 궤도를 꿈꾼다. 릴케 시

의 한 구절처럼 "단 한 번, 모든 것이 오직 단 한 번. 단 한 번, 더 이상은 없다. 우리도 단 한 번. 다시는 없다. 그러나 단 한 번이라도 존재했었다는 것, 비록 단 한 번이지만 지상에 있었다는 것, 이것은 되돌릴 수 없는 일이다".[6] 당신이 여기 있었다는 것, 아주 짧게라도 이곳에서 숨 쉬고 어울리고 움직이다가 갔다는 것, 이 엄연한 사실은 무엇으로도 가릴 수 없기에 그 무게를, 공포를 비밀처럼 간직한 채 당신은 오늘도 한없는 진자 운동을 하고 있는 것이다.

6   Rainer Maria Rilke, *Selected Poetry*, trans. Stephen Mitchell(New York: Random House, 1982), 199.

3
우편

우리가 타자에 대해 접근할 때, 그것을 단순히 '자아 아닌 것' 또는 '알 수 없는 것'으로 치부한다면 그러한 사고는 곧 부정신학적 논리로 이어질 수 있다. 부정신학은 신을 '불가능한 것'으로 보고, 이를 단일화하여 고정된 개념으로 제시한다. 하지만 데리다의 탈구축은 이러한 부정신학적 사고에 저항하며 '불가능한 것'을 복수의 가능성으로 바라보는 사고를 제시한다. 이를 아즈마 히로키(東浩紀)는 "우편적 탈구축"이라 명명했다.[7] '불가능한 것'을 단수화하는 것이 부정신학적 사고라면, '불가능한 것'의 복수성에 주목하는 것이 우편적 사고이다. 그의 설명에 따르면 우편적 사유는 "확률적 사고인 동시에 미디어의 유물론적 조건에서 주체의 구성을 생각하는 사고"이다.[8] 도달할 수 없음이라는 닫힌 사유가 아니라, 도달할 수 없음이 오히려 도달하려는 주체의 여정을 열어 내는 사유이다. 이는 유령처럼 마치 부재가 계속해서 영향을 끼치는 것과 같다. 어딘가로 오배송된 우편물이 결국에는 올 것이고 와야 하며, 그러하기에 아직 오지 않았지만 함께하는 것과 마찬가지이다.

편지를 써서 우체국에 가서 보내는 일을 한번 떠올려 보자. 편지를 쓰는 사람이 있고, 편지를 받아 보는 사람이 있다. 만약 편지가 제대로 배송된다면 둘 사이에는 시차가 존재한다. 그래서 쓴 사람은 받을 사람이 읽

7 아즈마 히로키, 『존재론적, 우편적: 자크 데리다에 대하여』, 조영일 옮김(도서출판b, 2015), 4장.

8 앞의 문헌, 244.

을 시점을 염두에 두고 편지를 쓴다. 즉 '현재'에 쓰고 있지만 동시에 미래에 대해 쓰는 것이다. 편지를 받아 읽는 사람은 그 편지가 이미 과거에 쓰인 것임을 인지하면서 현재에 읽게 된다. 이 과정에서 시간성이 교란된다. 과거가 현재가 되고, 현재가 미래가 되며, 미래는 이미 과거에 쓰여 있었다는 사실이 중첩된다. 이뿐만이 아니다. 편지는 또한 오배송되거나 주소 불명으로 반송될 수도 있다. 차례로 가야 하는 편지의 순서가 뒤엉키면서 의미는 왜곡될 수 있다.

데리다의 우편에 대한 비유는 정신분석에 대한 비판에서 비롯되었지만, 그 간극은 여러모로 중요한 통찰을 제시한다. 우편은 보내는 이와 받는 이 사이의 단절, 왜곡, 지연을 암시한다. 어쩌면 우리의 이해나 소통도 우편을 닮은 것이 아닐까? 두 사람이 얼굴을 보고 직접 나누는 대화조차 완전하게 이해되기는 어렵다. 우리는 서로 다른 시공간에 처해 있고, 각자의 경험에 따라 세계를 다르게 해석하기 때문이다. 감정에도 생각에도 경험에도 시차가 존재한다. 무언가가 '순서대로' 일어나지도 않고 '순서대로' 인식되지도 않는다. 따라서 모든 것을 있는 그대로 전달할 수도 없고, 표현된 것을 전부 이해할 수도 없다. 완전한 이해나 완벽한 소통은 가능하지 않다. 그런데 그것이 우리를 서로에게서 지켜준다. 동일시로 무화시키지 않고 거리와 여백을 만들어 준다.

이러한 우편적 사유는 우리가 직면한 현실의 다양한 문제들에 적용해 볼 수 있다. 오늘날 많은 문제는 대개 빠르게 해결하기 위한 단일 해법을 찾는 데 집중하게 만든다. 그러나 우편적 사유는 기존의 이분법적 사고에서 벗어나 다양한 불가능성을 열어 두고, 그 속에서 새로운 해결책이나 방향이 발견될 수 있게 한다. 이 여정은 예측할 수 없는 것, 도달할 수 없는 것들이 우리를 어떻게 변화시킬 수 있는지를 탐구하는 과정이며, 이는 우리가 사유하고 행동하며 관계를 맺는 방식을 재구성할 수 있는 실마리가 된다. 왜 그럴까?

정신분석이나 심리상담 이론을 접한 많은 이들은 현재 겪는 증상이나 스트레스가 종종 '단일한 문제'나

'단일한 원인'에 의해 발생한다고 간주한다. 과거의 트라우마, 가족이나 양육 환경에서 비롯된 문제, 혹은 기질적 결함 중 무언가 내게 근본적인 원인이 있어서 줄곧 비슷한 어려움을 겪어 왔다고 믿는 경향이 있다. 하지만 실제로는 너무나 다양한 요소가 얽혀 있어서 무엇이 원인이고 결과인지 말하기 어려운 경우가 대부분이다. 우편적 탈구축의 사고방식은 문제를 하나의 원인으로 환원하지 않고, 여러 복잡한 요소가 교차하는 지점으로 이해하려는 접근을 제시한다.

또한 우편적 사고에서 '불가능한 것'은 단순히 도달할 수 없는 것이 아니라, 그 도달할 수 없음이 새로운 가능성을 열어 주는 것이기도 하다. 이는 정신적 성장을 이해하는 중요한 관점이 될 수 있다. 예를 들어 만성적 우울이나 불안장애를 겪는 사람 중에는 '완벽한 행복'이나 '문제가 없는 상태'를 추구하면서 스스로를 계속 좌절시키는 경향이 나타나기도 하는데, 이는 삶을 어떤 최종 목적지에 도달해야 하는 것, 무언가를 완성하고 이루어야 하는 것처럼 이해하는 태도와 관련이 있다. '도달할 수 없음'이야말로 삶을 가능하게 한다는 사실을 인식하지 못하는 것이다. 우울이나 불안의 원인을 찾아내어 빨리 해결하려는 접근은 자칫 우울과 불안을 만성화할 우려가 있다. '우울하지 않아야' 더 잘 살 수 있는 것이 아니고, '불안하지 않아야' 더 잘할 수 있는 것이 아니다. 우울과 불안의 현상을 불확실성으로 인정하고 그대로 나아갈 수 있는 것이다.

마지막으로 가장 중요한 지점인데, 우편적 사유는 '불가능한 것'이 복수로 존재한다는 점을 강조하며, 이는 우리가 경험하는 불확실성에 대한 새로운 접근을 제시한다. 통제와 예측 가능성을 유능함으로 간주하는 오늘날, 불확실성은 많은 사람에게 스트레스와 불안을 유발하는 요소로 작용한다. 많은 사람이 미래의 불확실성이나 해결되지 않은 문제들에 대해 극단적인 결정을 내리거나 문제의 해답을 빨리 찾아 끝내 버리고 싶어 한다. 그러한 조급증으로 인해 더 큰 오류와 위험을 맞닥뜨릴 수 있다. 하지만 불확실성은 '회피해야 할' 위험 요소가 아니다. '불안의 원인'도 아니다.

　오히려 우리의 모든 움직임과 추구, 도전과 노력을 가능하게 하는 원동력이자 삶의 본질이다. 모르니까 계속할 수 있는 것이고 종착점에 도달하지 않기 때문에 계속해서 갈 수 있는 것이다.

4
네거티브 능력

기술 발전과 디지털화, 사회적 변화와 생활 속도의 가속화로 현대인의 삶은 점점 더 각성과 긴장, 불안의 상태로 내몰리고 있다. 불확실하고 예측 불가능한 시대일수록 그 반대, 곧 안정적이고 변하지 않을 것 같은 무엇, 든든히 붙들어 줄 무언가와의 소속감이 절실해진다. 그래서 우리는 점점 더 명확한 해결책이 있는 것처럼 말하는 사람들, 안전과 안정을 약속하는 말들에 쉽게 이끌리게 된다.

하지만 예측 가능성과 통제 가능성에 집착할수록

불안과 강박은 더 심화되고 피해의식과 방어적 사고는 과도해지며, 결국 개인의 삶의 질은 떨어진다. 사회적·정치적으로는 이러한 불안과 피로를 이용하려는 세력들이 늘어난다. 그 극단적인 형태가 바로 전체주의이다. 빠른 해결책을 찾을수록 피상적인 구호에 쉽게 속게 되고, 뭔가를 많이 해결하는 것 같지만 실제로는 문제가 그대로 반복된다. 불편하고 불쾌한 것, 불확실한 것을 견디지 못하는 신경증의 시대를 살아가는 우리에게는 어쩌면 그 반대를 견디는 '면역력'이 더 필요할지 모른다. 확정되지 않은 것, 이해되지 않는 것, 가능해 보이지 않는 것들과 얼마나 잘 머무를 수 있는가. 앞으로는 오히려 불확실성과 함께 존재할 수 있는 능력, 곧 네거티브 능력(negative capability)이 더욱 절실해질 것이다. 영국의 낭만파 시인 키츠가 처음 언급한 네거티브 능력[9]이란 '이해할 수 없는 상태에 머무를 수 있는 힘'

9   John Keats, *Selected Letters of John Keats: Based on the Texts of Hyder Edward Rollins*, ed. G. F. Scott(Cambridge, MA: Harvard University Press, 2005), 60; 키츠가 고안하고 윌프레드 비온(Wilfred Bion)이 발전시킨 개념 '네거티브 능력'에 대한 상세한 논의는 변지영, 『우울함이 아니라 지루함입니다』

으로, 정합성과 해명의 충동을 미루고 존재 자체를 감당하려는 태도이다. 안개를 걷어 내어 길을 찾는 것이 아니라 안개 속에서 걷는 것이며, 혹은 안개 속에 그대로 머무르는 법을 익히는 것이다.

삶의 진정한 전환은 언제나 예측 불가능한 형태로 도래한다. 모든 것을 예측하고 통제하려는 이 열망은, 정작 우리 삶에서 가장 결정적인 순간들이 언제나 계획 밖에서 도래한다는 사실을 망각하게 만든다. 삶은 언제나 부분적으로만 이해되며, 중요한 전환들은 뒤늦게 의미를 드러낸다. 우리는 종종 어떤 계기나 만남, 실패나 선택이 시간이 지난 후에야 진정한 의미를 드러내는 것을 경험한다. 처음에는 우연처럼 보이지만 돌이켜보면 그것은 어떤 방향을 갖고 있었던 것처럼 느껴진다. 이처럼 불확실성과 예측 불가능성 속에서도 우리 삶을 이끄는 어떤 흐름이 있으며, 그 흐름은 결코 완전히 설명되거나 알려지지 않는다.

(필로소픽, 2024), 177~180 참조.

"생각대로 되지 않을 때 너무 힘들어요"라고 사람들은 말하지만, 생각대로 되지 않아 훨씬 다행인 적은 얼마나 또 많았던가. 계획이 어그러지고 느닷없이 다른 일이 전개될 때, 그 순간은 당혹스럽고 힘들었지만 지나고 나서 전보다 훨씬 나은 지점에 도달하게 되는 경우는 없었는가. 내 경우에는 오히려 뜻대로 되지 않았을 때 삶이 더 흥미로워졌고, 그때 기존의 편견과 아집을 뒤집을 수 있는 새로운 무언가를 배울 수 있었다. 물론 예상할 수 없는 어려움과 괴로움 또한 맞닥뜨리게 되지만 말이다.

우리는 보통 운명을 '정해진 것'이라 여기지만 정작 그것을 경험할 때는, 언제나 늦게 도착하는 어떤 것, 이미 와 있었지만 몰랐던 것, 나중에야 알게 되는 어떤 것으로 다가온다. 데리다는 '운명'을 '운명-되어-감'(destinerance)이라는 조어로 탈구축함으로써 '운명'에 담긴 형이상학적 전제를 무효화하고 그 의미를 분산시키며, 타자에게 노출된 책임성으로 사유의 중심을 이

동시킨다. 운명은 이미 정해진 것이 아니라 늘 되어 가는 중이라는 뜻이다.

하지만 애초 우리가 '운명'을 경험하는 방식 자체가 그러하지 않은가? "이것이 내 운명이구나"라고 말할 때조차 우리는 그것을 온전히 확신하지 않는다. 그것은 늘 어딘가 긴가민가한 상태, 예컨대 내가 부름을 받았는지조차 알 수 없는 데리다의 아브라함이 처한 곤혹스러운 입장과 유사하다. 운명은 종종 사후적으로만 이해되며, 여러 겹의 경험을 통해 비로소 나의 고유한 방식으로 받아들여진다.

다시 말해 운명이란 단번에 인식되거나 확신할 수 있는 것이 아니라 반복적인 조건과 상황 속에서 점차 나를 구성하는 어떤 것으로 자리 잡는다. 그것은 명확히 주어진 것이 아니라 맞닥뜨림과 응답 속에서 스스로 발을 들인 자에게만 점차적으로 모습을 드러내는 것이다. 그렇기에 운명은 본질적으로 타자성을 지닌다. 그것은 포획되지 않으면서도 이미 존재하고, 이해되지 않으면서도 이미 영향을 미치는 유령 같은 구조를 갖는다. 운명은 나의 의식보다 앞서 도래하지만 결코 온전히 인식되지는 않으며, 나를 향해 다가오면서도 끝끝내 남아 있는 어떤 타자의 형식으로 존재한다.

과거와 미래, 동질성과 이질성, 자아와 타자가 서로 스며드는 이 과정은 언제나 불확실성을 동반한다. 우리는 끊임없이 '나 아닌 것'들과 뒤섞이면서 역설적으로 '나'라는 존재를 경험하게 된다. 타자들과 뒤섞이며 내가 되어 가고, 나 아닌 것들이 내게 생각하고 행동하며 결단하라고 촉구한다. 그러나 이 결단은 결코 안정적인 기초 위에서 내려지는 것이 아니다. 운명의 부름은 언제나 불확실하며, 나의 응답 또한 언제나 불충분하다. "결정은 오직 결정 불가능성 속에서만 가능하다"라고 했던 데리다의 말처럼, 진정한 결단은 확실함에서 비롯되는 것이 아니다. 역설적이게도 결코 충분히 알 수 없고 명확하지 않은 상황 속에서 내려질 때만 결단은 윤리적 의미를 획득한다.

이미 주어진 것이 아니라 이해되지 않은 상태로 도래하며 끊임없이 나를 시험하는 타자의 형식으로 나타나는 이러한 운명을 받아들인다는 것은, 확신 속에 안주하는 일이 아니라 이해 불가능성과 책임의 무게를 함께 견디며 사유하고 응답해 가는 일이다. 끝내 해석되지 않는 타자 앞에서 불확실성 속에 머무는 윤리를 실천해 가는 것, 그것이 아마도 우리의 운명 아닐까.

5
탈구축

"이 단어[탈구축]를 선택했을 때 혹은 이 단어가 내
게 떠밀려 왔을 때 — 아마 『그라마톨로지에 대하여』
에서였을 것이다 — 그 당시 나를 흥미롭게 했던 담론
에서 그것이 그토록 중요한 역할을 하게 될 것이라
고는 전혀 생각하지 못했다. 다른 것들 가운데 나는
하이데거의 Destruktion이라는 단어를 내 목적에 맞게 번역하고 적용하기를 원했다."[10]

데리다가 설명한 바와 같이 탈구축이라는 단어는, 원래 하이데거의 Destruktion을 번역하는 과정에서 서구 존재론의 역사를 비판적으로 분석하는 작업의 일환으로 고안되었다. 하이데거는 이에 대해서 『존재와 시간』*Sein und Zeit, 1927* 두 번째 권에서 다룰 예정이었으나 출간되지 않아 미완성에 그쳤다. 그렇다면 탈구축이란 무엇인가?

탈구축(deconstruction)은 단순히 구축(construction)의 반대말이 아니고, 파괴(destruction)와 비슷한 말도 아니다. 이 말은 구축과 파괴 같은 대립되는 용어들에 의해 규정되는 개념적 질서를 초과한다. 또한 탈구축은 무언가를 분해하거나 철거하거나 기존의 것을

10   Jacques Derrida, "Letter to a Japanese Friend", trans. David wood and Andrew Benjamin, in *Psyche: Inventions of the Other*, vol. 2, ed. Peggy Kamuf and Elizabeth Rottenberg(Stanford: Stanford University Press, 2008), 1~2.

해체해서 그 작동 방식을 재구성하는 역설계(reverse engineering) 과정도 아니다. 데리다 자신이 여러 차례 명확하게 언급한 바와 같이 "탈구축의 'de-'는 스스로 구성되는 것을 파괴하는 것이 아니라 구성주의나 파괴주의적 도식을 넘어서는 것, 즉 그 너머에 남아 있는 것을 생각할 필요가 있다는 것을 의미한다".[11] 따라서 탈구축은 "구성"이나 "파괴"라는 개념적 대립에 의해 규정되거나 제한되는 것과는 전혀 다른 무언가를 가리킨다. 1971년의 인터뷰에서 데리다는 이렇게 설명했다.

> "그때 내가 관심을 가졌던 것은, 지금 다른 방향으로 추구하려고 하는 것과 동시에 "일반 경제"와 같은 어떤 일반적인 전략, 즉 탈구축의 일반적인 전략이었다. 후자는 단순히 형이상학의 이원론을 중립화하거나 단순히 이러한 이원론의 폐쇄된 영역 내에 머무르는 것을 피하는 것이다. 그래서 우리는 이중

11 Jacques Derrida, *Limited Inc.*, trans. Samuel Weber and Jeffrey Mehlman(Evanston: Northwestern University Press, 1993), 147.

제스처를 사용해야 한다. 그것은 체계적이면서도 그 자체로 분열된 통일성, 즉 그 자체로 다층적인 글쓰기, 내가 '이중 과학'이라고 부르는 것을 따라야 한다. 한편으로 우리는 전복의 단계를 거쳐야 한다. 이 필요성에 부응하려면 고전적인 철학적 대립에서 우리는, 평화로운 대면이 아니라 폭력적인 위계 구조에 맞닥뜨리고 있다는 것을 인식해야 한다. 두 용어 중 하나가 다른 하나를 지배한다(가치론적으로, 논리적으로 등). 또는 우위를 점하고 있다. 대립을 탈구축하려면 우선 그 위계를 전복해야 한다. 특정 시점에서 이 전복의 단계를 간과하는 것은, 대립의 충돌적이고 종속적인 구조를 잊는 것이다. 따라서 너무 빠르게 중립화로 넘어가면 실제로는 이전의 영역을 그대로 남겨 두게 되어, 이전 대립에 대한 어떠한 통제도 할 수 없게 되므로, 그 영역에 효과적으로 개입할 방법이 사라지게 된다."[12]

---

12 Jacques Derrida, *Positions*, trans. Alan Bass(Chicago: University of Chicago Press, 1981), 41~42.

우선 탈구축은 데리다가 "일반적인 전략"이라고
부르는 방식으로 "형이상학의 이항대립"에 개입하는
작업을 지칭한다. 구조주의와 후기구조주의의 20세기
의 혁신들에 의해 제공된 통찰에 따르면, 우리가 세계
에 대해 알고 말할 수 있는 것은 개념적인 대립을 기준
으로 특징지어지고 배열될 수 있다. 마크 더리가 설명
하듯이 "서구의 의미 체계는 몸/영혼, 타자/자아, 물
질/정신, 감정/이성, 자연/인공 등의 이항대립에 의해
뒷받침된다. 의미는 배제를 통해 생성된다. 각 계층적
이중성의 첫 번째 용어는 두 번째 특권을 부여받은 용
어에 종속된다".[13] 즉 인간은 마음/몸, 남성/여성, 선/
악, 존재/무와 같은 용어 차이 혹은 개념적 이중성을 통
해 세계를 조직하고 의미를 부여한다.

　더 나아가 이러한 개념적 대립에서 두 용어는 결
코 평등한 위치에 놓여 있지 않다. 두 개의 용어 중 하나
는 이미 우위에 있는 것으로 결정되어 있다. 데리다의

13　Mark Dery, *Escape Velocity: Cyberculture at the End of the Century*(New York: Grove Press, 1996), 244.

말처럼 이것은 이미 폭력적인 계층 구조를 형성한다. 이를테면 "남성"과 "여성"이라는 용어는 처음부터 평등한 관계로 설정되지 않았다. 전자는 이미 후자에 비해 특권을 부여받은 상태였고(유대-기독교 전통에서 신은 먼저 남성의 원형인 아담을 창조하고, 그로부터 이브를 만들었다. 고대 그리스에서는 남성을 '이성'과 '활동성'의 상징으로, 여성을 '감정'과 '수동성'의 존재로 간주했다), 이러한 편견은 역사적으로 성적 차별, 배제, 억압을 정당화하는 데 사용되었다.

탈구축은 이러한 개념적 이항대립에 비판적으로 개입하는데, 단순히 그것들을 중립화하거나 뒤집음으로써 기존 질서의 헤게모니 안에 머무르는 것이 아니라, 그 구도가 무엇을 가리고 있는지 드러냄으로써 대안적인 가능성을 제시하는 전략을 구사한다.

이를 위해 탈구축은 복잡한 이중 제스처 혹은 데리다가 이중 과학이라고 부르는 것으로 구성된다. 둘 중 첫 번째 작업은 뒤집기이다. 이 단계에서는 둘 중 전통적으로 경시되어 온 용어나 개념을 상세히 살피고 지지

함으로써 구도를 의도적으로 뒤집는다. 이는 기존 질서가 반전되거나 뒤집힌다는 점에서 문자 그대로 혁명적인 제스처이지만, 데리다가 지적한 바와 같이 두 개의 대립되는 용어가 상대적으로 차지하는 위치를 단순히 교환하는 것만으로는, 여전히 그 개념적 대립을 비록 반전된 형태로 유지하면서 그것이 작동하는 근본적인 틀 안에 남아 있게 한다. 두 용어의 상대적 위치를 바꾸는 것만으로는 여전히 그것들을 그 이분법의 체계 안에 머물게 하며, 결국 그 체계를 확인하는 데 그치고 만다. 이를테면 모더니즘 시대에는 이성이 감정보다 우위에 있었고, 포스트모더니즘 이후에는 감정을 욕망과 함께 이성보다 우위에 두는 경향이 생겨났다. 둘 중 어느 쪽이 더 중요한지, 본질적인지, 우위에 있는지에 관한 논의는 시대에 따라 바뀔 수 있고, 애써 뒤집어 봐야 이항 대립의 구도 안에 머물게 된다.

따라서 탈구축에는 다음의 두 번째 작업이 필요하다. 데리다가 말하는 것처럼 "뒤집기, 즉 높은 것을 낮추는 것과 새로운 '개념'이 돌출하는 것 사이의 간격을 표시해야 한다".[14] 이 새로운 "개념"은 엄밀히 말하면 개념이 아니다. 이는 그것이 단순히 기존의 개념적 질서와 반대되기 때문이 아니라, 언제나 그리고 이미 기존의 이원론적 질서를 정의하는 이원적 체계와 그 체계와 연결된 비개념적 질서를 초과하기 때문이다.[15] 이로 인해 이 "결정할 수 없는" 새로운 개념은 전통적인 이진 쌍의 사이 또는 경계에 위치한다. 그것은 어느 한쪽도 아니며, 둘 다일 수도 없다. 그것은 개념적 질서를 구성하는 두 용어 중 어느 하나로 수렴되지 않으며, 그 차이를 어떤 합성적 통합을 통해 중재하는 제3의 용어도 만들어 내지 않는다. 그것은 개념적 이원론을 통해 의미 체계가 조직되고 표현되는 방식에 의해 초과되어 작동하며, 두 개의 용어 모두에 동시에 위치한다. 바로 이런 이유로 새로운 개념은 언어로 설명되거나 표현될 수 없으며, 이 간격은 데리다가 말하는 '이분화된

---

14 Derrida, *Positions*, 42.

15 Jacques Derrida, *Margins of Philosophy*, trans. Alan Bass(Chicago: University of Chicago Press, 1982), 329.

(bifurcated) 글쓰기', 곧 두 개의 상반된 경로가 동시에 존재하는 방식으로 쓰는 방식을 통해서만 나타날 수 있다.[16] 이 글쓰기는 전통적인 철학적 개념들이 비록 불완전하고 부족하게 표현되더라도 필연적으로 모든 가능한 표현 방식을 전복시키도록 만든다. 조금 더 구체적으로 살펴보자.

탈구축의 첫 번째 단계는 형이상학이 설정한 위계 구조를 전복하는 것이다. 다시 말해 다음과 같은 플라톤주의적 이항대립들— 보이지 않음(지성적인 것)/보임(감각적인 것), 본질/현상, 영혼/육체, 살아 있는 기억/기계적인 기억, 목소리/문자, 그리고 궁극적으로는 선/악— 사이의 위계를 뒤집는다.

예를 들어 플라톤주의에서는 본질을 현상보다 더 근본적이고 고귀한 것으로 간주한다. 그러나 탈구축을 통해 이 위계는 즉시 전복된다. 왜냐하면 우리가 '본질'

---

16 Derrida, *Positions*, 42.

이라고 부르는 것에 대한 모든 인식은 결국 현상의 경험에 의존하기 때문이다. 이때 단순한 위계의 전도만이 아니라 양자가 분리된 항들이 아님이 드러난다. 본질은 독립된 실체라기보다는 기억과 기대라는 시간적 매개 속에서 구성된 '현상들의 변주'일 뿐이다. 다시 말해 본질이라 불렸던 것은 항상 이미 현상 속에 섞여 있으며, 현상을 통해서만 본질은 출현할 수 있다.

　이러한 통찰을 통해 우리는 본질과 현상의 위계가 특정한 결정에 의해 형성되었음을 인식하게 된다. 그것은 형이상학이 본질을 현상으로부터 분리하고자 한 어떤 (어쩌면 불가능한) 결정의 순간이었다. 바로 이 결정을 통해 형이상학적 전통이 시작되며, 데리다에게 이 결정은 플라톤주의의 본질을 구성하는 것이다.

　탈구축의 두 번째 단계는 이전에는 열등한 것으로 간주되었던 항(예를 들어 '현상')을 이 위계 전체를 가능케 한 '기원' 혹은 '자원'으로 재기입하는 것이다. 이 재기입은 어떻게 가능한가?

　그 단서는 경험의 시간성에 있다. 모든 현상, 모든

경험은 시간적이다. 우리는 '현재'를 경험한다고 믿지만 이 현재 안에는 항상 과거와 미래가 미세하게 개입되어 있다. 지금-여기의 순간은 결코 순수하지 않으며, 항상 지연된 과거의 흔적과 다가올 미래의 기대로 오염되어 있다. 데리다의 용어를 빌리자면 이 차이는 결정 불가능한 것이다.

예를 들어 머리를 예쁘게 땋고 엄마 손을 잡고 걸어가는 여자아이를 본다고 하자. 어떤 이는 그 아이에게서 자신의 유년 시절을 떠올리며 미소 지을 것이고, 또 다른 이는 엄마 없이 자란 결핍의 기억을 불러올 것이다. 임신 중인 여성이라면 곧 만나게 될 아이를 떠올릴 수도 있다. 이처럼 우리가 지금 '보는 것'은 언제나 과거의 기억이나 미래의 예감과 얽혀 있다. 순수한 현재, 순수한 지각은 없다. 현재는 항상 과거와 미래로부터 오염된 채로 경험된다. 그리고 바로 이때 우리가 마주하는 '차이'는 데리다가 말하는 '흔적'의 경험이다.

이러한 차이는 본질과 현상의 위계를 가능하게 했던 최초의 형이상학적 결정을 근본적으로 불안정하게 만든다. 따라서 데리다는 '현상'을 단순히 열등한 항으로 보지 않고, 오히려 전체 구조의 조건이자 기원으로 재구성한다. 이로써 탈구축은 단순한 위계의 전복을 넘어 위계 자체의 가능 조건을 이루는 결정 불가능한 차이, 곧 디페랑스(différance)를 사유의 중심에 놓는다.

데리다는 '차이'를 뜻하는 프랑스어 "différence"의 e를 a로 바꾼 신조어 "différance"를 통해 이 개념을 명명한다. 발음은 '디페랑스'로 동일하지만 철자가 다른 이 단어는 차이의 발생, 지연, 흔적, 결정 불가능성이라는 의미운동을 포함한다. '디페랑스'(différance)는 우리가 현상들의 시간성을 인식할 때 그 안에서 발견되며, 형이상학이 자신의 결정을 내리기 위해 절단했던 결정 불가능한 자원을 가리킨다.

『입장들』*Positions*에서 데리다는 이런 "옛 이름들"(old names 또는 paleonyms)을 소개한다. "pharmakon"(파르마콘), "trace"(흔적), "gram"(문자), "spacing"(간격 내기) 등은 모두 서양 철학사에서 열등하거나 주변적인 것으로 여겨져 왔던 용어들이다. 그러나 이제 이들은 형이상학이 결코 이름 붙이지 못했던 자원, 곧 형이상학적 결정보다 더 '오래된' 것을 가리키는 데 사용되고 있다.

이 "옛 이름들"은 형이상학을 가능하게 했던 무명의 자원, 절단의 결정 이전의 차이를 가리키는 말이라는 점에서 중요하다. "간격"에 대한 표식들, 데리다는 이를 "결정할 수 없는 것들"이라고 부른다. 이 용어들은 더 이상 이원적 대립 내에 포함될 수 없는 것들, 그럼에도 불구하고 철학적 대립에 거주하며, 그것들에 저항하고 그것들을 탈구축한다.

고대 그리스어 파르마콘(pharmakon)은 '약'과 '독'이라는 상반된 뜻을 동시에 가진다. 플라톤의 『파이드로스』*Phaedrus*에 쓰인 이 단어는 글쓰기를 가리키며, 글쓰기가 진리를 보존하는 도구이자 진리로부터 이탈을 야기하는 '기억의 독'으로도 작동함을 시사한다. 데리다에 따르면 파르마콘은 "치료제도 독도 아니고, 선도 악도 아니며, 안도 밖도 아니고, 말도 글도 아니다". 이와 마찬가지로 "문자는 기표도 기의도 아니고, 기호도 사물도 아니며, 존재도 부재도 아니고 위치도 협상도 아니다. 간격 내기는 공간도 시간도 아니다".

이러한 시도들은 어느 하나로 통합해 갈등을 봉합하거나 헤겔식 변증법을 사용해 제3의 용어로 모순을 해결하려 하지 않는다.

이 개념들은 공통적으로 형이상학이 그 기원으로 삼은 '결정' 이전에 이미 작동하고 있었던 차이와 지연의 흔적을 가리킨다. 이들은 모두 그동안 철학 전통 속에서 열등하거나 부차적인 것으로 간주되어 왔지만 데리다의 작업에서는 의미와 사유의 가장 근원적 '자원'으로 다시 호출된다. 이 "옛 이름들"은 더 이상 하위 요소가 아니요, 부차적이지도 않다. 오히려 철학의 위계를 가능케 했던 그 "결정 불가능성", 즉 기원의 장소로 거슬러 올라가는 언어의 고유한 자원으로 기능한다.

이처럼 초기 저작들에서 데리다는 서구 형이상학을 가능케 했던 이항대립의 구조를 탈구축함으로써 그 대립 구조에 갇힌 사유의 습관을 흔들고 새로운 사유의 가능성을 제시했다. 그러나 만약 이러한 작업이 단지 개념의 탈구축에 머물렀다면 그의 사유가 미친 영향은 철학 내부에 국한되었을지도 모른다. 데리다의 작업이 갖는 결정적인 의미는 그것이 점차 윤리적이고 정치적인 영역으로 확장되며, 우리가 자명하다고 여겼던 모든 "자기감응"(auto-affection)의 형식을 근본적으로 의문에 부치게 되었다는 데 있다. 그는 모든 자기 관계, 자기 기원, 자기 통일의 신화를 겨냥함으로써 사실상 우리가 상상할 수 있는 모든 종류의 자기감응은 본질적으로 타자감응(hetero-affection)이라는 점을 드러내고자 한다. 다시 말해 그는 자기에 대한 직접적이고 순수한 접촉이라는 형이상학적 환상을 걷어 내며, 모든 '자기'는 타자의 흔적과 이질적인 시간성에 의해 구성된다는 사실을 끝없이 사유하도록 촉구한다.

자기감응이란, 철학 전통에서 종종 자명한 것으로 전제되었던 주체가 자신의 경험이나 감정을 내적인 투명성 속에서 자기 자신에게 전달할 수 있다는 개념이다. 다시 말해 타자의 개입 없이도 자기 자신에 도달할 수 있다는 신념이다. 예를 들어 나의 생각이나 나의 목소리는 어떤 매개적 작용도 필요로 하지 않고 "직접적으로" 내 것임을 안다는 믿음이다. 그러나 데리다는 바로 이 지점을 파고들어 모든 자기감응은 실은 타자에의 감응, 즉 타자감응의 한 형식일 수밖에 없음을 밝히려 한다. 시간은 자기감응을 항상 필연적으로 타자-감응으로 만든다. 주체가 자신에게 도달하는 바로 그 접점에는 이미 타자의 흔적이 개입되어 있으며, 이 흔적은 시간적 지연과 차이를 통해 작동한다. 요컨대 자기는 결코 자기 자신에게 즉각적으로 순수하게 현전으로 접근할 수 없으며, 항상 타자의 간섭과 부재의 흔적을 통해서만 '자기'로서 형성될 수 있다는 것이다.

이러한 인식은 단순히 존재론적 혹은 인식론적 논의에 그치지 않고, 존재하는 모든 것에 대해 타자의 우선성과 비결정성, 그리고 책임의 차원을 요청하는 윤리적 사유로 나아간다. 데리다의 탈구축은 결국 자명해 보이는 모든 동일성과 자기성(自己性, ipseity)의 기반을 질문함으로써 타자의 목소리를 들을 수 있는 감응적 공간을 열어 놓으려는 시도이며, 그리하여 철학의 근거를 재구성하는 동시에 새로운 정치적·윤리적 실천을 모색하는 근본적인 요청에 응답하고자 하는 시도이다. 이것은 사유가 스스로를 감싸며 닫힌 구가 되는 것을 최대한 열기 위한 노력이다. 그리하여 이 연결을 모든 타자, 그 어떤 타자에게도 열 수 있도록 하려는 것이다.

궁극적으로 탈구축은 죽음을 포함한 삶의 윤리에 대한 사유이다. 이는 단지 죽지 않기 위해 사는 것이 아니라 죽음을 품고 살아남는 것, 그리고 그 살아남음 속에서 계속해서 판단하고 응답하고 책임지는 삶의 형식을 말하는 것이다. 즉 삶과 죽음, 정의와 폭력, 규칙과 고유성 사이의 긴장 속에서 불가능한 것을 가능하게 하려는 끊임없는 노력으로서 윤리적 실천의 또 다른 이름이라 할 수 있다.

그러므로 탈구축은 새로운 이론이 아니라 항상 아직 오지 않은 것에 자신을 열어 두는 철학이다. 자기가 펼치고 있는 주장의 명백한 목적지에 이르기 직전에 끊임없이 발을 멈추는 것이다.

6
디페랑스

　　이러한 탈구축을 가능하게 하는 디페랑스 역시 단
순한 철학적 개념이라기보다 서구 형이상학 전체에 대
한 체계적 도전을 수행하는 전략적 위치에 놓여 있다.
그는 1968년 "디페랑스"라는 제목으로 발표한 강연에
서 이 신조어가 "개념도 단어도 아닌 이중의 전략적 주
제"임을 천명했다.[17] 이로써 데리다는 철학이 전통적으
로 상정해 온 '의미의 안정성', '기원의 단일성', '자기동

17　Pádraig Hogan, "Deference and Difference in the Tenor of Learning",
Studies in Philosophy in Education 22(2003): 281~293.

일성의 순수성'을 흔드는 급진적 사유의 지평을 열어젖
힌다. 그 배경을 잠시 살펴보도록 하자.

1. 형이상학의 논리적 기반

서양 형이상학은 아리스토텔레스 이후로 존재를
'현전'(presence)으로 사유해 왔다. 존재한다는 것은 어
떤 대상이 지금-여기 명확히 드러나 있다는 것을 뜻하
고, 이것은 다시 다음 세 가지 사고법칙으로 귀결된다.

1. 동일률: "A는 A이다."
2. 모순율: "A는 A이면서 A가 아닐 수는 없다."
3. 배중률: "A이거나 A가 아니거나 둘 중 하나
   여야 한다."

이러한 규칙은 논리의 일관성을 보장하지만 동시
에 모든 존재는 스스로 동일해야 하며, 그 정체성과 의
미는 확정 가능하다는 암묵적 전제를 포함한다. 다시
말해 '의미는 고정될 수 있다', '기원은 단일하고 순수

하다', '진리는 그 자체로 자명하다'라는 믿음이 형이
상학의 심층에 자리하고 있는 것이다. 데리다는 이러한
논리적 기반이 복잡성, 매개성, 차이, 흔들림, 그리고 시
간성을 억압하며, 사유를 단일성의 허구적 이상에 복속
시킨다고 보았다.

2. 디페랑스: 차이와 지연의 이중 운동

디페랑스는 이러한 동일성의 논리를 안으로부터
붕괴시킨다. 탈구축 작업의 핵심이 되는 디페랑스는
'차이'와 '지연'의 두 가지 주제를 포함한다.

첫째로 디페랑스(차이)는, '진리'나 '경전'이라는
권위 있는 고정된 의미에 저항하기 위해, 끝없이 변동
하고 불확정한 가능성들의 다양성을 유지하려 한다. 이
를 통해 권위 있는 의미를 확정하려는 모든 시도를 저
지하고, '진리'라는 지위를 부여하려는 모든 노력에 저
항한다. 따라서 이때의 '차이'란, 두 개의 정체성 있는
항 사이의 고정된 차이가 아니다. 오히려 그것은 차이

를 가능케 하는 조건, 즉 모든 정체성과 의미가 고정되기 이전의 틈, 흔들림, 위치 없음이다. 모든 의미는 언제나 다른 의미들과의 관계 속에서만 생겨나고, 따라서 결코 자족적이지 않다.

둘째로 디페랑스(연기)는, 철학이 확정적인 의미에 집착하는 것을 반박하고, 의미와 '존재'를 무기한 미루는 방식으로 그 확정적 드러냄을 지연시킨다. 의미는 결코 지금-여기에 주어지지 않는다. 항상 다음 기표로 미뤄지며, 완전한 현전으로 다가오지 못한 채 끊임없이 미끄러지는 체계 속에서 생성된다. 데리다는 이를 통해 '기원'이라는 형이상학적 허구를 탈구축하며, 의미란 단일한 중심에서 비롯된 것이 아니라 무한한 유예의 운동 속에서 발생하는 '흔적'임을 드러낸다.

따라서 디페랑스는, 철학이 확정적이거나 권위적인 의미에 집착하는 것을 방해하거나 좌절시키려는 목적을 가지고 있으며, 의미의 영역을 최종적으로 봉합하려는 모든 시도, 즉 어떤 의미에 특정 지위를 부여하려는 모든 노력, 또는 '진리'를 규범으로 삼으려는 모든 시도에 저항한다.

뒤에서 살펴보겠지만 하이데거의 차이 개념, 그리고 이 차이를 가능하게 하는 '발텐'(Walten)에 대한 이해가 없었다면 디페랑스 역시 발견되지 못했을 것이다. "하이데거가 말하는 존재와 존재자 사이의 차이, 존재론적-존재적 차이에 대해 들여다보지 않았다면"[18] 디페랑스는 가능하지 않았다고 데리다는 강조한다.

3. 닫혀 있지 않음

그런데 이 디페랑스는 어쩌면 우리 일상 곳곳에 적용될 수 있다. 예를 들어 살펴보자. 우리는 '자유'라는 단어를 어떻게 이해할까? 사전을 펼쳐 보면 자유는 '억압이나 구속이 없는 상태'라고 적혀 있을 것이다. 그런데 그 설명을 자세히 들여다보면 '억압', '구속', '없는', '상태'라는 또 다른 단어들을 만나게 된다. 그러면 우리는 '억압'이 무엇인지, '구속'이 무엇인지, '상태'란 무

---

18 Derrida, *Positions*, 9.

엇인지를 다시 찾아봐야 한다. 이렇게 사전 속 단어를 따라가다 보면 결국 끝없이 다른 단어들을 만나며 이 단어를 설명하기 위해 또 다른 단어로 이동하게 된다.

이것이 바로 데리다가 말한 '디페랑스'의 한 단면이다. 그는 우리가 어떤 의미를 이해할 때 그 의미는 항상 다른 의미와의 차이 속에서, 그리고 다른 의미로 미루어지면서 생긴다고 말한다. 차이는 늘 지연으로 미끄러진다.

예를 들어 우리는 '자유'를 '구속이 없는 것'이라고 이해하지만 이것은 '구속'이라는 개념이 무엇인지 이미 알고 있다는 것을 전제로 한다. 하지만 '구속'이란 단어도 또 다른 단어들로 정의되므로 우리는 의미에 도달하려 할수록 점점 더 많은 단어 속을 헤매게 된다. 단어는 다른 단어로만 설명될 수 있고, 그래서 어떤 단어의 '참된' 의미는 영원히 도달되지 않는다. 마치 손에 닿을 듯 다가오다가 다시 미끄러지는 무언가처럼.

'자유'라는 단어 하나를 이해하려고 할 때 우리는 '구속', '억압', '권리', '선택', '책임' 같은 단어들을 거쳐야 한다. 그리고 그 단어들은 또 다른 단어들에 기대어 의미를 얻고 있다. 결국 '자유'는 단독으로 존재하는 것이 아니라 수많은 단어 사이에서 끊임없이 차이를 만들어 내고, 또 그 의미를 다음으로 미루는 그런 과정 속에 존재하는 것이다.

데리다가 말하는 디페랑스는 바로 이처럼 의미가 결코 현재에 완전히 도달하지 않는 상태, 즉 항상 '다른 것'으로 밀려나면서도 그 차이 속에서 의미가 생겨나는 운동을 가리킨다. 그러므로 우리가 어떤 말을 이해한다고 생각할 때, 그 이해는 단단히 고정된 것이 아니라 오히려 끝없이 흔들리고 미뤄지고 차이를 만들어 내는 흐름 위에 놓이는 것이다. 결국 우리는 '자유'를 말하면서도 그 자유를 정확히 붙잡을 수는 없다.

단어 하나도 이렇게 의미가 완결되지 않고 고정되지 않는다면 우리의 말과 글, 소통이나 이해, 인식도 그러하지 않을까? 무언가와의 상호작용 안에서 계속 생성 중인 존재는 안으로도 밖으로도 사실상 열려 있다. 하지만 우리는 마치 모든 것을 하나의 완결된 존재, 닫혀 있는 어떤 것처럼 인식한다. 그리고 겉모습이 아무리 변하더라도 내부에는 변하지 않는 본질, 즉 단단한 중심이 따로 있다고 믿는다.

이처럼 인간의 기원, 기초, 토대, 본질과 같은 것이 따로 있다고 전제하는 기존의 철학적 전제에 데리다는 의문을 품었다. 특히 로고스 중심주의라 부르는 서양 철학의 특성을 공격하는데, 이것이 기원과 기초에 대한 관심을 특권으로 여긴다고 비판한다. 로고스 중심주의란 그리스어 로고스(logos)에서 유래한 개념으로 철학적 탐구를 통해 진리의 완전함과 의미의 안정성을 밝힐 수 있다는 전제를 의미한다. 데리다에 따르면 이 전제는 서양 철학의 주요 전통뿐만 아니라 서양 학문과 문명의 더 중요한 전통에도 스며들어 있다. 그러나 데리다는 이러한 의미의 드러냄이 이미 근본적으로 열려 있어야 할 질문들의 종결을 가져온다고 주장한다. 그것은 확정적이고 권위 있는 설명을 찾는 추구로서, 이로 인해 불평등한 위계질서와 경전이 확립된다. 이 추구는 '다른 것'이나 '다름'을 주변화시키며, 그 어떤 것이

라도 '주어진 권위'가 실패한 영역, 즉 그 추구가 동화
시키지 못하거나 확고한 손아귀에 넣지 못한 것을 배제
한다.

따라서 데리다에 의하면 철학적 논의에 의해 권위
로 확립된 모든 것은 탈구축되어야 하는데, 이것은 철
학이 '진리'를 추구하는 과정에서 제한하거나 동화시
키려는 다양한 관점에 묻히지 않고 그대로 열려 있도록
하기 위함이다. 이로써 모든 의미와 해석은 결코 닫히
지 않으며, 해석을 가능하게 만드는 조건들 역시 끊임
없이 열려 있는 과정이 된다.

데리다의 디페랑스는 존재의 본질을 현전으로 사
유하고자 했던 형이상학적 기획 전체에 대한 반-기획
이다. 존재를 고정하고자 했던 시도는 결국 지연 속의
차이, 흔적 속의 의미, 반복 속의 생성에 의해 탈구축된
다. 이것은 모든 닫힌 진리 체계에 대한 열림, 모든 기원
의 강제에 대한 유예, 모든 동일성의 폭력에 대한 저항
이다. 디페랑스란 곧 철학이 스스로를 질문할 수 있는
가능성의 이름인 것이다.

7
담론

어떤 것은 말해지고, 어떤 것은 말해지지 않는다. 모든 담론은 무언가를 드러내는 동시에 무언가를 은폐한다. 따라서 드러난 말들 너머에 '어떤 것'이 가려져 있는지를 들여다보는 일은 정신분석이나 심리상담에서 매우 일상적인 작업이자 철학적 사유의 출발점이기도 하다. 예를 들어 '질서'나 '투명성', '공정함'을 지나치게 강조하는 담론은 종종 혼란, 불투명함, 불공정함을 배제하거나 억압한다. 그런 담론은 어떤 것이 있어서는 안 되는 것처럼, 혹은 마치 제거될 수 있는 것처럼 보이도록 만든다. 그러나 질서는 혼란에서, 투명성은 불투명함의 조건 아래에서만 성립한다. 우리는 이처럼 모든 개념이 상호 의존적이고 동시 발생적이라는 사실을 자주 망각한다.

'질서/혼란', '투명성/불투명성', '공정/불공정'과 같은 이항대립은 의미의 안정성을 약속하는 듯하지만, 그 안에는 이미 불안정성의 징후, 즉 붕괴의 씨앗이 내포되어 있다. 말해지지 않는 것은 단순히 부재하거나 외부에 머무는 것이 아니라 담론 내부에서 흔적으로 작용하고, 의미를 지연시키며, 기표를 불안하게 만든다. 드러난 의미는 말해지지 않은 것에 의해 지탱되며, 그것 없이는 의미 그 자체가 성립되지 않는다.

선명한 논리란 구멍이 없는 것이 아니라 시선을 한 방향으로 유도하여 그 구멍을 보지 못하게 만드는 것일 뿐이다. 그 구멍에 지렛대를 넣어 살짝만 들어 올리면 견고해 보이던 전체 구조는 쉽게 무너져 내린다. 그러므로 우리는 말해진 것과 동시에 말해지지 않은 것, 드러난 구조 이면의 균열과 흔적에 주목해야 한다. 진리는 결코 스스로 드러나는 것이 아니라 언제나 타자의 그림자와 결핍의 흔적을 통해 잠정적으로 구성되는 것이기 때문이다.

주체, 개인, 자아라는 것도 담론으로 구성되는 것이기에 결코 '먼저' 있지 않다. 우리는 흔히 자아나 주체가 언어 이전, 말하기 이전의 본질적인 실체로 존재한다고 믿지만 그런 믿음 자체가 이미 특정한 담론의 산물이다. 즉 "나는 누구인가"라는 물음조차도 이미 특정한 말하기 방식, 담론적 질서, 말해질 수 있는 것의 규칙 안에서만 제기될 수 있다. 주체는 자율적 중심이 아니다. 그것은 무엇이 말해질 수 있고, 무엇이 말해질 수 없는지를 결정하는 담론 구조 속에서 구성되는 하나의 자리이다. 말해진 것, 명명된 것, 분류되고 규범화된 것들이 '자아'를 이룬다. 그 구성 방식은 늘 시대적 조건과 권력의 배치에 따라 달라진다.

이를테면 "나답게 살아야 한다" 혹은 "나로 산다는 것"을 고민하는 사람들이 많아지는 이유는, 흔히 생각하듯 '본래의 나'를 잊고 피상적으로 그저 바쁘게만 살아가기 때문이 아니라, 기술 가속화 시대의 복제 과 잉, 업데이트 과잉, 공유 과잉에 대한 반응일 것이다. 비슷함의 공포, 경계 흐려짐에 대한 공포는 곧 차별화와 구별에 대한 갈망이 된다. 하지만 많은 사본에 시달리는 이유는 원본을 잊었기 때문이 아니다. 애초에 원본은 존재하지 않는다. 우리는 모두 사본들의 축적물이며, 그 반복과 변형으로 만들어진다.

따라서 '나로 산다는 것'에 대한 갈증은 '본래의 나'를 향한 것이 아니다. "나다움"에 대한 고민은 실상, 비교 불가의 유능함이나 고유한 매력 혹은 특별한 존재감을 확보하려는 욕망에 가깝다. 그러나 이러한 욕망은 이미 타인의 시선, 비교의 서사, 재현의 클리셰들로 구성되어 있다. 그것은 해방의 언어처럼 보이지만 실상 더 정교한 동일성의 감옥으로 진입하는 길이다. 더 '진짜' 같아야 하고 더 '자기다워야' 한다는 압박은 현재의 애매함과 불충분함을 덮으려는 시도이며, 결국 '자기동일성'에 대한 강박적 환상을 반복하는 것에 불과하다.

주체란 단일한 정체성이 이끄는 존재가 아니라 끊임없이 자신과 어긋나는 과정이며, 무한히 넘나드는 타자성 속에서 형성되는 열린 시공간이다. '나로 살기'란 내가 아닌 것들과의 공존 속에서, 그들과의 차이와 어긋남 속에서 사유하고 흔들리는 것에 자신을 내맡기는 방식일 수 있다. 누구도 대신 응답할 수 없다. 개인의 고유함, 특이성이란 이러한 응답의 순간에 발생한다.

그러므로 '나로 사는 것'은 동일성, 자기성, 정체성에 대한 집착에서 비롯되는 것이 아니라 타자성, 어긋남, 예측 불가, 이해 불가의 순간들을 어떻게 받아들이는가를 뜻한다. 이미 자기와 동일하지 않은 주체는 통제와 지배에 연연하지 않으며, 불확실함 그 자체인 삶의 요구에 응답할 수 있도록 자신을 열어 둔다. 주체란 자기 자신으로 충분하지 않기에 윤리적일 수 있는 존재이다. 그러니 우리는 확신에 찬 주장, 감동적인 서사, 합리적인 논리, 그럴듯한 해결책 앞에서 더더욱 경계하며 생각해 보아야 할 것이다. 그 담론은 과연 무엇을 은폐하고 있는가.

8
흔적

모든 행위, 생각, 감정은 결코 사라지지 않는다. 그
것들은 직접적이든 간접적이든 대물림되거나 매개체
를 통해 끊임없이 전승된다. 내딛은 발자국은 뒤따라오
는 이들에게 이정표가 되기도 하지만, 때로는 함정이
되기도 한다. 우리는 언제나 이미 존재했던 것들의 지
연된 운동 속에서 살아간다. 그것은 단순한 과거의 잔
여가 아니라 여전히 완결되지 않은 채 도래하는 어떤
것이다. 그런데 이러한 도래의 구조가 어떻게 형성되
고, 어떻게 우리에게 영향을 미치는지를 설명하기 위해

서는 단순히 기억이나 의식의 차원만으로는 부족하다. 잊힌 것은 종종 예기치 않게 돌아오고, 심지어 한 번도 경험하지 않은 것조차도 우리의 삶을 결정짓는다.

프로이트는 이러한 현상을 설명하기 위해 '억압'과 그것의 '귀환' 개념을 도입했다. 억압된 것은 결코 사라지지 않으며 우회적인 방식으로 돌아온다. 그는 이를 설명하기 위해 무의식이라는 심리적 공간을 설정했다. 그러나 억압의 논리는 개인의 경험만으로는 설명되지 않는다. 니콜라스 아브라함(Nicolas Abraham)과 마리아 토록(Maria Torok)은 개인이 경험하지도 않았던 가족의 비밀이나 집단적 트라우마가 개인에게 영향을 미치는 현상을 '망령의 귀환'이라 부르고, 그것이 은폐되는 공간을 '크립트'(crypt)라고 명명했다. 크립트는 단순히 잊힌 것이 보존되는 장소가 아니라 드러날 수 없는 것들이 잠복하는 구조적 공간이다.

이러한 심리적 공간 개념은 칼 융의 집단 무의식 개념으로 확장된다. 융은 인간의 정신이 개인의 경험을 넘어 인류 전체의 집단적 경험과 상징, 원형 속에 깊이 뿌리내리고 있다고 본다. 집단 무의식은 단순한 기억의 저장소가 아니라 문화와 역사 속에 축적된 상징적 질서이며, 이는 인간이 인지하지 못하는 방식으로 사고와 감정, 행동을 끊임없이 형성한다.

하지만 집단 무의식의 '전부성'은 아이러니하게도 인식 불가능성을 드러낸다. 무언가를 "전부"라고 말하는 순간, 그것은 오히려 아무것도 아닌 것이 되기도 한다. 전부는 곧 특성 없음이며, 인식은 언제나 '일부'와 '다름'을 통해서만 가능하다. 우리가 인식하는 것은 항상 '일부'이며, 무엇과 '다른' 무엇이다. 이런 맥락에서 이냐시오 마테 블랑코(Ignacio Matte Blanco)는 무의식을 '무한집합'으로 개념화한다. 그의 무의식은 단순히 억압된 내용이나 상징의 저장고가 아니다. 그것은 복잡하고 계층적인 논리 구조를 가지며, 끊임없이 생성되고 재구성된다. 무의식은 의식으로 완전히 포착되거나 인식될 수 없는, 존재론적으로 무한한 열린 공간이다.

이러한 공간 개념은 코라(khōra)와도 연결된다. '코라'는 플라톤의 『티마이오스』*Timaeus*에 등장하는 단어이다. 플라톤은 두 가지로 존재론적 원리를 제시한다. 하나는 이데아, 즉 예지의 원형으로서 영원불변한 것이고, 다른 하나는 그 원형의 사본으로, 생성과 가시적인 것에 속하는 것이다. 하지만 원형적 이데아는 무공간적인 것이기 때문에, 여기서 무언가가 바로 만들어질 수는 없다. 생성을 위해서는 중간자, 즉 장소가 필요하다. 따라서 플라톤은 이데아도 현상도 아닌 '수용자'를 제3자로 언급한다. 모든 것을 받을 수 있고 생성시키지만 그로 인해 변형되거나 영향받지 않는 곳, 원형의 이미지들이 들어가고 나가는 장소이자 '용기', '받는자' 혹은 '수용자'로서의 코라. 플라톤의 비유에 따르면 코라는 아기를 탄생시키는 자궁이자 성장시키는 유모나 어머니 같은 것이다.

하지만 데리다는 이런 표현들이 코라에 대한 '은유'가 될 수 없다고 지적한다. 왜냐하면 『티마이오스』에 따르면 코라는 '이해할 수 있는 것'도 '지각할 수 있는 것'도 아니기 때문이다. 은유란 지각 가능한 것과 이해할 수 있는 것 사이의 구별에 근거한 개념인데, 코라는 이 구별을 넘어서기에 은유적 설명이 성립하지 않는다는 것이다. 예를 들어 우리가 "시간은 금이다"라고 말할 때 '시간'은 이해할 수 있는 개념이고, '금'은 지각할 수 있는 물질이다. 이처럼 은유는 항상 두 개의 개념이나 존재를 비교하거나 대비시키면서 하나가 다른 것의 특성을 차용하는 방식으로 작동하는데, 코라는 그 자체로 지각과 이해의 경계를 넘는 개념이기 때문에 그런 비교나 대비를 통해 설명될 수 없다. 그래서 데리다는 코라를 은유로 번역하거나 설명하는 것이 불가능하다고 주장한다.[19]

데리다의 코라 개념을 무의식 개념과 연결하여 설명하면, 코라는 "빈 공간"이면서도 동시에 존재를 가능하게 하는 구조적 원리로서 작용한다고 볼 수 있다. 융과 마테 블랑코의 무의식이 인간 존재의 근본적 환경으

---

19 Derrda, *Margins of Philosophy*, 225~226; Jacque Derrda, *On the Name*, trans. D. Wood, J. P. Leavy Jr. & I. McLeod(Stanford: Stanford University Press, 1995), 89~127.

로서 다양한 방식으로 다뤄지는 것처럼 데리다의 코라는 단순히 물리적이거나 형이상학적인 "빈 공간"에 그치지 않으며, 그 안에서 차이와 지연(디페랑스)을 가능하게 하는 "기반적 상태"로 이해할 수 있다. 데리다의 코라는 존재를 근본적으로 설명하기 위한 "지연의 공간"이라 할 수 있으며, 이 공간은 확정되지 않은 상태, 즉 끊임없이 지연되고 부유하는 존재의 바탕이 된다. 그로 인해 형식과 내용이 끊임없이 재구성되고 변형된다. 코라는 결코 고정된 상태로 존재하지 않으며, 형식적 정리를 가능하게 하는 동시에 그 정리되지 않은 잉여가 남는 공간으로 나타난다. 이러한 성질은 마테 블랑코가 주장한 "무한집합으로서의 무의식"과도 상통한다. 무의식이 결코 온전히 파악할 수 없고 끝없이 확장되는 존재론적 상태라면 코라 역시 존재의 근본적인 지연의 공간으로서 끝없이 펼쳐지고 확장되며, 해석 불가능한 것들이 남게 되는 공간이기 때문이다.

융의 집단 무의식이 인간의 문화적·상징적 경험들을 집합적으로 담고 있는 정신적 저장소라면, 데리다의 코라는 그 모든 경험이 실제로 형성될 수 있도록 하는, 그러나 결코 완전하게 형성될 수 없는 '형상 없는 공간'이다. 이로써 집단 무의식의 상징들이 현시되는 공간은 코라와 같은 상태로, 언어와 의미는 언제나 지연되어 상호작용하며 변형된다.

무의식은 바로 이러한 코라적 구조를 가진다. 그것은 단순히 억압된 내용이나 집단적 상징의 저장고가 아니라 의미가 생성되기 이전의 가능성의 공간, 그러나 결코 현재화될 수 없는 차이의 운동이다. 존재와 비존재, 의미와 무의미 사이에서 무의식은 언제나 경계의 틈으로 작동하며, 언어와 상징, 문화 속에서 끊임없이 변형되고 열린 상태로 머문다.

이러한 맥락에서 의식과 무의식의 관계는 단순한 이원론으로 설명되지 않는다. 우리는 종종 대상의식과 메타의식의 구분 속에서 사고한다. 대상의식은 우리가 직접적으로 경험하거나 인지하는 의식의 내용이며, 메타의식은 그 대상의식을 자신이 인지하고 있다는 '자각' 혹은 '반성적 의식'이다. 즉 대상의식이 '무엇을 인지하는가'에 해당한다면 메타의식은 '내가 그것을 인지하고 있음을 아는가'에 해당한다. 이를테면 안부도 묻지 않고 용건을 퍼붓는 전화 통화 앞에서 '이 친구는 늘 이렇게 자기 얘기밖에 안 하지. 내 상황은 전혀 배려하지 않아'라고 생각하는 것은 대상의식이고, '그런데 왜 나는 늘 얘한테 맞춰 주고 있을까?'라고 자각하는 순간은 메타의식이다. 우리는 종종 대상의식에만 빠져 있다가도 때때로 메타의식과 대상의식이 교차하는 경험을 한다.

그러나 이 둘의 경계는 본질적으로 흐릿하다. 의식은 언제나 다른 의식 위에, 그리고 또 다른 의식 위에 덧씌워진다. 고정된 위계나 중심은 존재하지 않는다. 사실상 메타의식만 존재한다고도 할 수 있으며, 동시에 "메타의식은 없다"라고도 말할 수 있다.

이와 마찬가지로 무의식은 의식 바깥에 존재하는 어떤 실체가 아니라 오히려 이러한 의식의 작용을 가능하게 만드는 조건이자 맥락이다. 마치 텍스트가 언제나 특정 맥락 안에서 읽히듯 의식은 언제나 무의식의 맥락 안에서 작동한다. 그러나 그렇다고 해서 의식이 무의식에 직접 도달하거나, 그것을 완전히 이해할 수 있는 것은 아니다. 무의식은 의식이 직접 닿을 수 없는 근본적인 타자성의 구조이다. 그 분리는 일시적인 것이 아니라 구조적이며 필연적이다.

무의식은 의식의 중심에 존재하는 것이 아니라 의식을 가능하게 하면서도 결코 그 중심이 되지 않는 디페랑스의 운동이라 할 수 있다. 그것은 미뤄지고 어긋나고 지워지면서도 다시 출현하는 방식으로만 작동한다. 곧 무의식은 결코 현재화될 수 없는 도래하는 다름의 운동 그 자체이다. 그렇기에 무의식은 실체가 아니라 늘 곁에 있으면서도 완전히 닿을 수 없는 타자성이며, 동시에 자기동일성을 끊임없이 교란하는 존재론적 틈이다.

따라서 무의식은 언제나 의미화 이전의 잠재성으로 남고, 어긋남으로만 모습을 드러낸다. 우리는 결코 완결될 수 없으며, 불완전성과 불확정성 속에서 끊임없이 자신을 다시 구성하게 된다. 무의식은 우리 존재의 숨 쉬는 공기처럼 언제나 우리를 둘러싸고 작동하지만 결코 붙잡을 수 없는 어떤 것이다. 바로 여기에서 인간 존재의 복잡성, 불완전성, 그리고 끊임없는 생성의 가능성이 열린다.

9
코라

데리다가 번역하지 않기로 한 그리스어 '코라'. 이를 번역하지 않은 것은, 플라톤이 『티마이오스』에서 "모든 것을 받는 것"에 대해 항상 '같은 방식으로 말해야 한다'라고 명령한 데 대한 데리다의 응답으로 볼 수 있다.[20]

"코라의 절대적인 고유성을 존중하려면 항상 같은

20   Kristian Olesen Toft, "Translating Khora", *Derrida Today* 17, no. 1(2024): 82~96.

방식으로 불러야 한다. [⋯] 이 명령에 명령과 약속 없이 순응하려면 그 명령이 이미 이루어진 것임을 생각해야 한다. 그것은 모든 주어진 철학적 주제들을 넘어서 서서히 언어 속에 흔적을 남길 것이다. 예를 들어 그리스어에서 코라라는 단어는 그 속에 들어 있는 의미망에 의해 포획되기 때문이다. 플라톤에게는 그것밖에 없었다. 그 단어와 함께 그것은 문법적, 수사적, 논리적, 그리고 따라서 철학적 가능성들을 포함한다. 비록 그것들이 충분하지 않더라도 그것들은 주어지고, 이 들리지 않는 흔적에 의해 이미 표지되어 있다. 그 흔적과 약속은 항상 언어의 몸, 그 어휘와 구문 안에 새겨지며, 우리는 그 흔적을 다른 언어들, 다른 몸들, 다른 부정성들 속에서도 여전히 독특하게 재발견할 수 있어야 한다."[21]

21 Jacques Derrida, "How to Avoid Speaking: Denials", trans. Ken Frieden and Elizabeth Rottenberg, in *Psyche: Inventions of the Other*, vol. 2, ed. Peggy Kamuf and Elizabeth Rottenberg(Stanford: Stanford University Press, 2008), 174.

그 의미를 쉽게 전달하기 위해 이를테면 '모든 것을 받는 곳' 혹은 '원형적 장소'와 같이 다른 말로 번역하고 설명할 경우, '코라'는 그 출발 지점인 그리스어에서 끊어지고, 그 독특한 구조와 의미, 그리고 울림을 잃게 된다. 즉 플라톤이 애써 담아내려 했던 것들을 모두 잃게 된다. 잘 드러나게 바꾸려 할수록 그리스어이자 플라톤의 개념 코라는 그것이 원래 무엇이었는지를 나타낼 수 없게 된다. 왜냐하면 코라는 본래 아무것도 아니었던 것이기 때문이다.

이러한 번역 불가능성은 코라에게 고유명사의 지위를 부여한다. 그러나 동시에 『티마이오스』에서 코라는 '땅', '지역', '나라', '장소', '공간' 등을 뜻하는 일반명사이기도 하다. 따라서 플라톤이 말하는, 그리고 데리다가 사유하는 코라는 절대적으로 고유한 이름이자 일반명사인 것이다. 의미가 너무 많아서 번역되지 않는다기보다는 의미가 '하나'조차 되지 않아 번역되지 않는다. 따라서 이 번역되지 않음은 언어적 한계

가 아니라 그 자체로 매우 '코라'적이며 무조건적 환대
(hospitalité)를 함축하는 것이기도 하다.

"누군가 와서 말하기를: 다른 것 중 하나가 아닌 그
것에 대해 말할 때는 항상 같은 방식으로 말해야 한
다고 한다면… 당신은 그에게 이렇게 답할 것이다:
알겠어요, 항상 같은 방식으로요, 그런데 어떤 방식
으로? 왜냐하면 어떤 이름도 적절하지 않고, 어떤
구문도 적절하지 않으며, 어떤 언어도 적절하지 않
기 때문이다. 문제는 이미 너무 늦었다는 것이다. 그
말을 한 사람은 이미 자신의 언어로 그것을 말했으
며, 자신의 언어로 자신의 텍스트에서 '같은 언어로
말해야 한다'라고 이미 설명했다. 그리고 그것이 바
로 그것이다! 그것은 그리스어이고, 그것은 플라톤
이며, 그것은 '티마이오스'이다. 그런 뒤에 번역이라
고 부르는 것이 온다.

우리는 이 텍스트를 계승하고 통과해야 한다. 그것
이 이 주제에 대한 플라톤의 유산을 지울 수 없다는

것을 의미하지는 않는다. 코라에 대해 말하는 유일한 방법은 그리스어로 플라톤적인 방식으로 말하는 것일 수 있다. [⋯] 그럼에도 불구하고 이것, 또는 이와 유사한 것이 다른 언어들, 다른 문화들에서 발생한다. 근본적으로 다르지만 그럼에도 유사하다. 그래서 고급 교육을 받은 사람들은 이렇게 말할 수 있다. [⋯] "코라, 그것은 부정신학 같은 것입니다, 그것은 존재 같은 것입니다, 그것은 야훼 같은 것입니다, 그것은⋯" 단어가 다 떨어졌는데, 그것은 항상 같은 것이다, 정확히는 그 무엇도 아니기 때문에, 어떤 '것'이 아니기 때문이다."[22]

말이 있기 이전에 이름과 단어들, 개체가 생겨나고, 움직임이 일어나기 이전에 있었던 '태초의 것'이라면 그것은 유일신을 믿는 사람들에게는 '신'이고, 어떤 철학자들에게는 '로고스'일 것이며, 또 다른 철학자들

22 Jacques Derrida, "Nationalité et nationalisme philosophique: mythos, logos, topos. Le Timée de Platon-khora", *Theoria* 48, no. 3~4(2005): 45~60.

에게는 '존재'일 것이다. 하지만 데리다는 이어서 다음
과 같이 말한다.

> "만약 코라가 그것을 숨기면서만 진리를 드러낼 수
> 있는 무언가라면, 코라는 아마도 하이데거에게 있어
> 서 '존재'와 같은 것일지도 모른다. 우리는 보게 될
> 것이다. 나는 그것이 같다고 생각하지만 코라와 존
> 재는 본래 어떤 '것'이 아니기 때문에 이렇게 말하든
> 저렇게 말하든 같다고 말하는 것으로는 충분치 않
> 다. 어쨌든 코라와 존재는 '무'도 아니고, '존재하는
> 것들'도 아니다. 그것들을 어떻게 말하고 생각하느
> 냐에 따라 큰 차이가 나며, 나는 코라가 하이데거적
> 의미에서의 존재와는 매우 다르게 사유될 수 있다고
> 생각한다."[23]

플라톤의 사유에서 코라는 그 전체 논리를 가능하

---

23   앞의 문헌, 49.

게 하는 필연성으로 작용한다. 모든 것을 수용할 수 있는 코라가 전제되어야 생성과 구축이 가능하다.

그런데 데리다는 왜 '코라'를 이토록 자주 언급했을까? 데리다가 '코라'를 강조한 이유는 전쟁을 합리화하기 위한 논리로 동원되는 민족주의, 영토주의, 보수적 국수주의, 자문화 중심주의 등을 근본적으로 경계하기 위함일 가능성이 크다. 이 논리들은 모두 민족의 뿌리나 고향, 정체성을 강조하면서 '근원적인 장소'에 집착한다. 이들은 '코라'를 자기들의 언어로 번역하고 해석하고 실체화하면서 본래의 의미를 지워 버린다. 인류의 역사에서 번번이 반복되어 온 자기동일성의 폐쇄성을 경계하며 데리다는 다음과 같이 강조한다.

"우리가 '장소'에 대한 사고에서 출발하여 모든 민족성에 내포된 장소에 대한 사고로 나아가고 있다면, 그것은 경계가 있는 토지로서 규정될 수 있는 장소가 아니다. 그것은 형태 없는 독특한 장소로, 그 명명이 본질적인 것이 아니다."[24]

이름 붙이고 규정할 수 없는 장소, 정치적으로든 지리적으로든 자신들의 기원, 태초의 장소를 규정하려 할수록 거대한 공허를 맞닥뜨리게 될 것이다. 그의 우려처럼 "바로 이 공허에서 우리는 민족주의를 발견할 것이다. 우리는 보아 왔다. 공백, 균열 또는 틈에서 장소를 확정하려는 시도에서 민족적 정체성이 발달하고 격화된다는 것을. 모든 민족주의는 이 장소를 규정하려는 시도와 그 불가능성에 붙들리게 될 것이다".[25]

모든 것이 출발하고 생성된 그곳, 코라는 이름이 없기에 해석될 수도 번역될 수도 없다. 우리가 알지 못하고 경험한 적 없는 미래는 바로 이곳에서 비롯된다. 끊임없이 '우리' 혹은 '나'라는 동일성을 확인하려 하고 자기로부터 투영된 상을 세계의 전부라 믿으며 그것

24 앞의 문헌, 46~47.
25 앞의 문헌, 48~49.

을 통제하기 위해 안간힘을 쓰는, 모든 것을 자기 안으로 무섭게 빨아들이는 인간에게 코라는 어떠한 여지도 주지 않는다. 보이지 않고 들리지 않으며 만질 수 없고 이해할 수 없다. 오직 끝없이 열릴 뿐인 코라는 "고유하며 이름 없는 '하나'이다. 그것은 아마도 길을 만들겠지만 신성하지도 인간적이지도 않으며 조금의 관대함도 없다. 그곳에서는 재를 뿌리는 것조차 약속되지 않으며 죽음도 주어지지 않는다".[26]

그래서 "만약 언젠가 끔찍한 적들 사이에서 화해가 이루어진다면 그것은 어떤 공간, 어떤 코라 덕분일 것이다. 우주도 아니고 창조된 세계도 아니며, 국가도 글로벌 차원도 아닌 하나의 텅 빈 서로의 공간, 그저 코라".[27]

---

26 Jacques Derrida, *Acts of Religion*, ed. Gil Anidjar(New York: Routledge, 2002), 100.

27 Jacques Derrida, "Terror, Religion, and the New Politics", in *Debates in Continental Philosophy: Conversations with Contemporary Thinkers*, ed. Richard Kearney(New York: Fordham University Press, 2004), 3~14.

코라는 "이전"(以前)이다. 그런데 이것은 논리적 '이전'도, 연대기적 '이전'도 아니다. 개념 이전, 역사 이전, 종교 이전에 존재하는 것이다. 즉 신성으로서의 종교 이전, 나아가 종교와 세속이라는 이항대립 이전에 존재하는 것이다. 그래서 종교적 근원이나 민족적 뿌리의 상징으로 쓸 수 없다. '본래'의 회복을 둘러싼 종교 갈등, 민족 갈등, 영토 및 문화적 헤게모니를 둘러싼 분쟁들은 이 '본래'가 애초에 없음을 은폐하고 있다. 그래서 데리다는 '코라'라는 단어에 집요하게 매달린다. 동시에 그는 '메시아적'이라는 단어처럼 코라 역시 언제든지 기꺼이 포기할 준비가 되어 있었다.

"이 단어가 자기 역할을 다하고 나면, 기억과 해석이 제 몫을 다하고 나면, 나는 그 단어를 굳이 간직할 이유를 느끼지 못한다."[28]

---

28 Jacques Derrida, "Christianity and Secularization", trans. David Newheiser, *Critical Inquiry* 47, no. 1(2020): 138-148.

번역할 수 없는 단어를 번역할 필요가 없게 되는 시점. 다시 말해 기억과 해석이 제 몫을 다해 더 이상 그 단어를 붙들고 있어야 할 이유가 없는 시점. 결국 데리다가 "코라"와 같은 오래된 이름들을 계속 밀고 가는 지점은 여기인 듯하다.

"나는 항상 종교나 코라 같은 단어들이 담고 있는 기억과 전통을 간직하려는 욕망을 가지고 있었다. 그러나 동시에 이 단어들이 더 이상 필요 없게 되는 '무언가'가 오기를 바라는 (역시 억누를 수 없는) 또 다른 욕망도 있다. 그 단어들이 사라져 버리기를 바라는 욕망 말이다."[29]

코라는 '하나'가 아니다. 물론 '여럿'도 아니다. 그리고 그로부터 생겨나는 모든 것 또한 '하나'도 '여럿'도 아니다. 왜냐하면 모든 하나에는 이미 여럿이 들어

---

29 앞의 문헌,148.

있기 때문이다. 통제의 편의를 위해 '하나'로 가정하고 부르고 인식할 뿐이다. 예컨대 영수의 생각이 미미의 생각에 영향을 미치고, 미미의 감정이 영수의 감정을 바꾸듯 혹은 우리 안에 공존하는 미생물 생태계처럼 '안'과 '밖'의 경계는 언제나 확정적이지 않으며 '진정한 하나'는 어디에도 없다. 따라서 개인이든 사회든 뿌리 깊은 갈등과 온갖 어려움은, 이 '하나'가 본래 잠정적이고 가설적이며 임시로 붙여진 이름에 불과하다는 것을 잊는다는 데서 비롯되는 것인지도 모른다. 안전, 안정, 익숙하고 편안한 것, 그리고 '우리' 혹은 '나'라는 자기동일성에 대한 집착은 낯선 것, 이질적인 것, 그리고 알 수 없는 것을 가능한 한 신속히 배제하거나 격리하거나 밀어내려 한다. 뒤에서 살펴보겠지만 프란츠 카프카의 소설 『굴』Der Bau이 절묘하게 그려 낸 모습처럼 어느 누구도 침범하지 못하는 안전하고 아늑한 집, 나만의 집을 만들겠다는 강박적 욕망은 끝내 '집 안'에서 출몰하는 유령에 시달리는 불면의 고통으로 이어질 수밖에 없다.

'하나'는 그 자체로 분열적이다. '하나'가 정의되려면 항상 '다른 것'을 전제해야만 하고, '다른 것'과의 관계 안에서만 인식할 수 있다. 그래서 '하나'를 내걸면서 '우리'를 지키려는 모든 주장이나 운동은 결국 스스로 붕괴하고 분열하기에 이른다. 이것이 말해 주는 윤리적 함의는 무엇일까?

"'하나'는 자기 자신에게 폭력을 가한다. 그것 자체가 폭력으로 전환된다. '하나'라는 위치, 하나'의 확정과 자기 확인은 필연적으로 폭력적이지만 동시에 그 폭력은 자신에게 되돌아온다. '하나'는 자기 자신을 해하는 방식으로 존재하며, 바로 이 자기 지향적 폭력 안에서 '하나'는 다수성으로 분열된다."[30]

이처럼 '하나'에의 욕망, 곧 내부의 동일성과 명확한 구획 짓기에 대한 욕망은 필연적으로 배제와 폭력을

---

30 앞의 문헌, 147.

수반하며 분열로 나아간다. 따라서 진정한 '하나'가 되려는 욕망을 스스로 경계하고 유예하는 것, '내'가 이미 '내'가 아니고 '우리'는 결코 '우리'가 아니라는 합리적 의심은 끊임없이 오가는 존재들, 실시간 변하고 사라지는 감정과 생각들을 있는 그대로 둘 수 있게 한다. 타자를 빨리 파악하고 분석하여 적절한 이름을 붙이고 분류하려는 통제적 판단이 아니라 잘 알지 못하는 대로 공존하는 법을 배울 수 있다.

이러한 태도는 타자를 나 혹은 우리의 일부로 포섭하거나 동화시키지 않고, 타자의 이질성을 인정한 채로 관계 맺기를 시도하는 윤리이다. 곧 불완전하고 불안정한 상태 속에서 타자와 함께-존재하려는 윤리이다. '우리'라는 이름 아래 누군가를 배제하지 않기 위해서는 애초에 '우리'가 닫힌 실체가 아님을 인정하고, 그 이름을 끊임없이 흔들고 열어 두는 실천이 요구된다.

10
환대

코라는 어떤 것도 고정하지 않으며, 어떤 것도 자기 안에 담지 않는다. 오히려 모든 것이 거기서 '흘러나오며', 동시에 그 안에 잠시 흔적을 남기고 사라진다. 데리다는 코라를 "형상을 받아들이되 그것을 보존하지도 않고 기억하지도 않는, 흔적을 남기지 않는 수용의 비장소"라고 말한다. 여기에는 존재의 기원이 없고, 의미의 중심도 없으며, 주체조차 들어설 자리가 없다.

이러한 코라는 데리다에게 있어 환대와 깊게 연결된다. 코라는 어떤 판단도 하지 않고, 어떤 것도 소유하지 않으며, 타자가 그저 도래하도록 열려 있는 무조건적인 환대의 장소이다. 그러나 역설적으로 이 장소는 장소조차 아니며, 존재 이전의 '비존재적' 공간이다. 우리는 코라를 인식할 수도, 개념화할 수도 없다. 그것은 언제나 이름 짓기 이전의 것, 의미 생성 이전의 디페랑스적인 흔적이다.

코라는 텍스트도 기표도 의미도 아니다. 그러나 그것들이 가능하게 되는 바탕이다. 그렇기에 데리다의 코라 사유는 탈구축의 급진성을 존재론 너머로 밀어붙인다. 그것은 더 이상 탈구축이 아닌 어떤 사이의 존재, 열림의 장소 혹은 사유 이전의 조건에 대한 사유이기도 하다.

코라는 우리가 진실이라 부르는 어떤 것도 결코 '그 자체'로는 존재할 수 없음을, 모든 것은 이미 미끄러지고 있으며, 그 미끄러짐을 가능하게 하는 배경조차 결코 붙잡을 수 없음을 일깨운다. 이로써 데리다는 우리가 철학적으로 붙잡고자 했던 '토대', '기원', '근거'마저도 탈구축한다. 아니 더 정확히 말하면 그 탈구축조차 이미 코라 안에서 일어나고 있었던 일이다.

코라가 존재 이전의 장소라면 데리다가 이후에 천착한 '환대' 개념은, 그 장소에서 도래하는 타자에 어떻게 응답할 것인가에 대한 윤리적 사유로 이어진다. 코라가 받아들임의 비장소라면 환대는 그 받아들임이 우리 삶에서 어떻게 펼쳐지는가에 대한 문제이다. 에마뉘엘 레비나스의 타자 철학에서 출발한 데리다는 환대를 단순한 친절이나 관용의 문제로 보지 않는다. 그것은 철저히 불가능한 것을 향한 개방, 예측 불가능한 타자에 대한 무조건적인 열림이다.

그러나 데리다는 환대의 개념이 항상 두 가지의 차원에서 긴장을 이룬다고 본다. 하나는 법적·제도적인 환대, 즉 국가나 사회가 규정한 조건적인 환대이고, 다른 하나는 어떤 규정도 없이 전적으로 타자의 도래를 받아들이는 무조건적인 환대이다. 전자는 실행 가능하지만 완전하지 않고, 후자는 이상적이지만 실현 불가능하다. 이 둘 사이에서 우리는 늘 모순적인 실천의 장에 놓인다.

데리다는 바로 이 '불가능한 것을 향한 요청'에서 진정한 윤리의 가능성을 본다. 환대는 언제나 불가능성 속에서만 가능하다. 타자를 환대하려 할 때 우리는, 그의 이름을 묻고 정체를 확인하고 나서, 어느 정도 '우리의 질서' 안에 편입시킬 수 있을 때에만 문을 연다. 그러나 그 순간 환대는 이미 환대가 아니게 된다. 타자는 더 이상 타자가 아니라 우리에게 익숙한 존재가 되며, 낯섦은 제거된다.

데리다의 사유에서 중요한 것은 바로 이 역설, 불가능하지만 포기할 수 없는 윤리적 요청이다. 환대란 어떤 보장이나 상호성의 기대 없이, 타자가 누구인지조차 알지 못한 채 문을 여는 일이다. 그 타자가 나를 해칠지도 모른다는 공포 속에서도 나는 나의 '주체성'을 넘어 문을 열어야 한다. 이때 나는 더 이상 주체가 아니라 오히려 타자에게 수동적으로 열려 있는 존재, 응답 가능한 존재가 된다.

이러한 환대의 윤리는 어떤 당위나 법률로 환원되지 않는다. 그것은 다만 지연되고, 무조건적인 '열림'의

태도로 존재한다. 코라가 모든 존재를 수용하지만 아무것도 보유하지 않는 장소라면, 환대는 모든 타자에게 열려 있으나 어떤 타자도 온전히 환대하지 못하는 존재의 모순을 드러낸다. 이것이 환대의 (불)가능성이다. 가능성 안에 이미 불가능성이 포함되어 있다. 무조건적 환대, 완전한 환대, 순수한 환대는 구조적으로 불가능하기 때문에 오히려 환대가 가능해진다. 우리는 환대를 고민하고 추구하고 계속 타진해야 한다.

> "만약 내가 도착하는 모든 것에 조건 없이 열려 있다면, 나는 환대 자체를 파괴하게 될 것이다. […] 그래서 한계는 필요하다. […] 그렇기 때문에 '무조건적 환대'와 '조건적 환대' 사이에는 단순한 대립이 없다. 이들은 두 개의 용어가 아니다. 오히려 하나가 다른 것 안에 이상하게 포함되어 있다. 상호 포함이다."[31]

31 Jacques Derrida, *Hospitality*, vol. 1, trans. E. S. Burt, ed. Pascale-Anne Brault and Peggy Kamuf(Chicago: University of Chicago Press, 2023), 132.

이 불가능한 환대를 향한 우리의 끊임없는 시도야
말로 데리다가 말한 탈구축 이후의 윤리학이며, 존재론
의 지평을 타자성의 윤리로 전환시키는 열쇠이다. 우리
가 데리다의 철학을 통해 배우는 것은 더 나은 해결책
이나 정답이 아니라 영원히 완결될 수 없는 응답의 삶
이 윤리를 가능하게 한다는 것이다.

11
이항

우리에게 더 가까이에 있는 것들과 멀리 있는 것들 혹은 우리가 파악하기 쉬운 것들과 어려운 것들을 생각해 보자. 이런 구분에는 의식과 무의식, 유한과 무한, 언어와 세계, 물질과 정신, 보이는 것과 보이지 않는 것, 있음과 없음 등이 해당한다. 우리는 대개 앞의 항을 통해 뒤의 항을 이해하거나 서술한다.

예컨대 무의식은 오직 의식을 통해서만 드러난다. 꿈, 실수, 돌발적 감정, 광기와 같은 현상 앞에서 우리는 그것을 '무의식'이라 이름 붙이지만, 그것은 결코 무의식 그 자체가 아니다. 더 정확히 말하면 '의식되지 않는 것, 제어할 수 없으나 분명 어떤 방식으로 작동하는 것'이 있을 뿐이다.

　마찬가지로 무한은 유한을 통해서만, 세계는 언어를 통해서만 드러난다. 우리는 무의식, 무한, 세계와 직접 접촉할 수 없다. 접촉할 수 없기 때문에 우리는 그것들을 의식의 언어로 구성한다. 문제는 이렇게 잠정적으로 구성된 언어를 우리가 지나치게 신뢰하면서 그것을 독립된 실체처럼 여긴다는 데 있다.

　'의식되지 않는 것'을 무의식이라 부르는 순간, 우리는 의식과 무의식을 마치 명확히 나뉘는 실체처럼 생각한다. 보이는 것과 보이지 않는 것, 있음과 없음의 구분 또한 마찬가지이다. 우리는 어떤 대상을 언어로 포착하는 순간, 그 언어를 곧바로 대상 자체로 인식하는 경향이 있다.

　하지만 그것은 결코 그 자체가 아니며, 그 언어와 그 대상의 관계 또한 직접적이거나 정확하지 않다. 그리고 무엇보다 중요한 사실은, 언어는 평평해서 어떤 얽힘이나 층위를 고려하지 않는다는 것이다. 예를 들어 의식과 무의식은 대칭적인 것이 아니라 서로 다른 차원을 갖는다. 무의식은 의식의 재료이자 바탕이지만, 의식은 무의식에 접촉할 수 없다. 세계는 언어를 통해 지시되지만, 가령 100개의 세계가 있어서 100개의 언어로 낱낱이 기술할 수 있는 것이 아니다. 이 곤란함은 언어가 부족해서라기보다는 세계와 언어의 관계 때문이다. 세계와 언어는 함께 작동하기에 우리에게 언어가 있어야 세계도 있지만, 그렇다고 해서 언어 이전에 세계가 없었던 것은 아니다. 개별 의식이 있어야 무의식도 작동하지만, 그렇다고 해서 그전에 무의식이 없었다고 말할 수는 없다. 둘은 상호 연결되어 드러나지만 그렇다고 해서 동시 발생적인 것은 아니다.

좀 더 확장해서 생각해 보자. 사람들은 흔히 '능동성', '자율성'과 같은 특성을 선호한다. 내가 의도한 대로 통제하고 이끌어 나가면 유능함이고, 그러지 못하면 무능함 혹은 실패로 이해한다. 그리고 이 능동성과 자율성을 의식의 영역에 있다고 간주한다. 무의식은 직접 통제할 수 없기 때문에 내가 "수동적으로" 받아들일 수밖에 없고 이끌려 갈 수밖에 없는 불편한 것 혹은 두려운 것이 된다. 그런데 만약 그 의식 혹은 앎과 통제의 영역이 이미 내가 만나 온 사람들의 영향, 성장 환경과 사회문화적 경험을 통해 형성된 믿음의 찌꺼기들로 가득 차 있다면 어떨까? 그것은 얼마나 능동적이고 자율적인 것인가? 어느 날 갑자기 떠오른 아이디어, 직관적인 결단, 내키지 않았는데 어쩔 수 없이 하게 되면서 기대 이상으로 배우는 것들은 과연 수동적이고 타율적인 것일까? 어디까지가 내 의지 혹은 의도, 의식의 영역일까? 어떤 사람의 결단은 과연 순수하게 그의 것인가? 능동성 안에는 내가 알기도 전에 받아들인 것들이 있고, 자율성 안에는 이미 조건 지어진 것들이 있다. 그렇다면 우리는 수동적이고 타율적이고 결정된 존재인가? 물론 그렇지 않다. 무수한 선택과 결정이 다른 삶을 만든다는 사실을 우리는 매일같이 목도한다. 그 선택과 결정이 순수하게 의식적인 것만은 아니며 단독으로 가능한 것은 아닐 수 있다. 경계를, 늘 경계해야 한다. 우리는 선명하지 않은 경계에 있다.

우리가 어떤 결단을 내릴 때 그것은 항상 이전의 흔적에 의해 조건 지어지며, 그럼에도 불구하고 전과는 다른 주체로 나아가게 한다. 어떤 결단도 완전히 자유로운 결단은 아니다. 내가 이미 경험한 것들, 교육과 규범, 실시간 맞닥뜨리는 타인의 표정과 몸짓, 의식조차 하지 못하는 나의 충동과 감정들이 나의 결정을 조건 짓는다. 하지만 바로 그 조건들 덕분에 나는 똑같은 결정을 다시 내릴 수 없고, 항상 조금 다른 방식으로 세계에 응답하게 된다.

주체란 자신을 반복하며 조금씩 어긋나는 존재이다. 이 반복 속의 어긋남, 동일성 안의 차이 때문에 나의 결단은 항상 나만의 고유한 방식으로 나타난다. 이 고유함은 어떤 독특함이 아니라 완전히 동일할 수 없고 완전히 통제할 수 없으며 완전히 설명될 수 없는 어떤 특이성이다. 대신 살아 줄 수 없고 대신 죽을 수 없으며 대신 응답할 수 없음이다. 그렇기에 '나'라고 하는 것은 결코 새롭지 않지만 고유하며, 완성될 수 없기 때문에 윤리적일 수 있다.

우리는 언제나 공범이다. 이것은 범죄나 비윤리적인 행위를 한 사람의 책임을 무화시키려는 얘기가 아니다. 크든 작든 우리는 어느 정도 연루되어 있고, 누군가를 비난함으로써 결코 가벼워질 수 없다는 얘기를 하려는 것이다. 자신에게 비교적 멀리 떨어져 있는 정치인이나 연예인 혹은 범죄자를 판단하고 비난하는 것에는 무감각하면서도 자기 자신의 특성이나 성격, 업무에 대해 조금이라도 부정적 평가를 받으면 분노가 치밀어 올라 잠을 이루지 못하는 것은 우리가 언제나 '공범'이라는 사실을 잊기 때문에 일어나는 일이다. 무관한 것처럼 밀어낼 때 그것은 어떤 것보다도 우리 가까이에 진입한다.

다시, 우리에게 더 가까이에 있는 것들과 멀리 있는 것들 혹은 우리가 파악하기 쉬운 것들과 어려운 것들을 생각해 보자. 무의식은 의식을 통해, 무한은 유한을 통해, 세계는 언어를 통해, 정신은 물질을 통해, 보이지 않는 것은 보이는 것을 통해, 없음은 있음을 통해 우리에게 온다. 결코 '그 자체'로 오지는 않는다. 단독으로 존재하지도 않는다. 얽히고 번역되는 과정에서 일부는 탈락하고 일부는 어렴풋이 온다. 그조차도 사본으로 온다. 우리의 고유함, 삶의 고유함은 단독의 피어남이 아니라 다수의 사본으로 이루어진다.

12
반복 (불)가능성

경험은 현재에 발생한다. 우리가 경험하는 "지금"
이라는 순간은 독특하고 고유한 지점이다. 예를 들어
오늘 아침에 마신 커피의 맛은 이전에 마신 커피의 맛
과 다르다. 매번 커피를 마시지만 그 순간순간은 다르
기 때문에 "지금" 일어나고 있는 일은 내가 경험한 다른
어떤 "지금"과도 다른 사건이다. 이것이 경험의 독특성
혹은 고유성이다.

현재의 경험은 완전한 유일성을 지닌다고 할 수 있
다. "같은 강물에 두 번 발을 담글 수는 없다"라고 했던

고대 철학자 헤라클레이토스의 말처럼 우리가 경험하는 순간은 매번 새로운 사건이며, 그 자체로 고유하고 독특한 사건이다. 그렇지만 이 독특한 사건은 기억과 예상이라는 다른 시간적 차원과 긴밀히 연결되어 있다. 즉 과거의 경험을 기억하고, 미래의 경험을 예상하면서 우리는 그 순간을 해석하고 경험하게 된다.

그렇다면 기억과 예상을 통해 우리는 어떻게 과거와 미래를 경험하는 것일까? 과거 경험을 기억하고 미래의 일을 예상하는 것은 반복 가능성이 있기 때문에 가능하다. 기억 덕분에 우리는 과거에 마신 커피의 맛을 떠올리며 오늘 마시는 커피를 경험할 수 있고, 이것을 토대로 예상을 한다. 이와 같이 현재의 경험은 동시에 과거와 미래의 영향을 받는다. 현재는 단순히 '지금'이 아니라 기억과 예측을 통해 과거와 미래를 포함하는 경험이다.

여기서 중요한 것은 사건과 반복 가능성의 관계이다. 현재 일어나는 사건은 유일하고 고유한 사건이지만 동시에 반복 가능성을 내포하고 있다. 이 두 개념은 역설적이다. 사건은 반복되지 않는 독특성을 지니지만 그 사건을 기억하고 예측할 수 있기 때문에 반복 가능한 특성을 지닌다. 데리다는 이 관계를 "동시에"라는 표현을 통해 강조한다. 현재 경험은 사건이기도 하며, 그 사건은 반복 가능성 덕분에 동시에 반복적이기도 하다는 것이다.

데리다의 철학에서 반복 가능성은 독특성을 가능하게 하는 동시에 그것을 불가능하게 만든다는 역설적인 구조를 형성한다. 반복 가능성은 우리가 경험한 사건을 기계적인 반복으로 변환시킬 잠재력을 가지고 있다. 사건이 반복될 수 있다면, 그 사건은 예측 가능하고, 재현 가능한 것이 된다. 이는 그 사건의 독특성을 잠재적으로 훼손할 수 있다. 반복 가능한 사건은 그 자체로 기계적이고 일관된 패턴을 따라갈 수 있기 때문이다.

지금 일어나고 있는 일은 내가 경험한 다른 어떤 '지금'과도 다른 사건이다. 그러나 동시에 나는 최근의 과거를 기억하고, 다가올 일을 예상한다. 기억과 예상은 반복 가능성으로 구성된다. 내가 지금 경험하는 것이 즉시 회상될 수 있기 때문에 그것은 반복 가능하며, 그 반복 가능성 덕분에 나는 같은 일이 다시 일어날 것이라고 예상하게 된다. 그러므로 지금 일어나고 있는 일은 내가 경험한 다른 어떤 '지금'과도 다르지 않게 된다. 따라서 현재 경험은 사건이기도 하지만 반복 가능하기 때문에 동시에 사건이 아니기도 하다. 이 "동시에"라는 점이 바로 데리다에게 핵심적인 부분이다. 결론은 우리는 반복되지 않는 사건과 반복 가능성이라는 두 가지 요소를 본질적으로, 그리고 불가분하게 포함하지 않은 경험을 가질 수 없다는 것이다.

결국 데리다는 경험이란 완전한 독특성을 가질 수 없고, 반복 가능성과 독특성은 본질적으로 불가분하게 서로 얽혀 있다고 주장한다. 이러한 역설적인 구조는 경험의 시간적 속성과 반복의 내재성을 이해하는 데 중요한 관점을 제공한다. 경험은 단순히 '지금'이 아니라 시간과 기억, 예측을 넘나드는 복합적이고 연속적인 구조로서 존재한다고 할 수 있다. 그러므로 모든 경험은 항상 제시간에 맞지 않는다. 데리다가 『햄릿』의 구절을 가져와 재차 언급했듯 이미 "시간은 어긋나 있다".

한편 독특성이란 그 자체로 유일하고, 이전이나 이후의 것과 동일하지 않음이다. 어떤 경험이 진정한 의미에서 독특한 사건이 되려면, 그것은 반복될 수 없는 유일한 순간으로 존재해야만 한다. 그런데 유일한 것, 이전에 전혀 존재하지 않았던 것은 우리에게 인식되지 않기에 경험될 수 없다. (이것은 신경과학적으로도 설명이 가능하다. 보고 듣는 지각이든 다양한 감정이든 간에 이전 경험이 없으면 우리는 새로운 경험을 할 수가 없다.) 우리가 어떤 독특하고 고유한 것을 경험할 수 있다면, 그것은 이미 그 안에 인식 가능한 측면, 곧 반복성이 들어 있기 때문이다. 따라서 모든 경험은 반복되지 않는 독특한 것이면서도, 그 안에 이미 반복되는 측면을 포함하고 있다.

데리다는 반복 가능성(iterability)과 대체 불가능한 독특성(irreplacable singularity)을 나누는 것 자체가 불가능하다고 주장한다. 그래서 반복 (불)가능성이다. 우리가 경험하는 모든 것은 이 두 가지 성질이 복합적으로 결합되어 있다. 이 두 개념은 서로 완전히 분리될 수 없고, 하나가 다른 하나로 환원되는 일도 없다. 데리다에게, 반복 가능성은 마치 기계적 반복처럼 동일한 것의 재현이며, 특수성은 그것의 유일하고 독특한 순간을 의미한다. 그러나 이 두 개념은 서로 대립하는 것이 아니라 불확정적인 경계를 통해 서로 끌어당기며 한데 얽혀 있다.

이 점에서 데리다는 경험을 시간 속에서 이해하는 방식에서 출발한다. 경험은 항상 현재에서 이루어지며, 이 '현재'라는 개념은 그 자체로 중요한 철학적 질문을 제기한다. 경험의 본질은 '지금'이라는 순간에 내재되어 있으며, 이 순간은 내가 이전에 경험한 다른 '지금'과는 다른 유일한 사건이다. 그러나 동시에 나는 이 '지금'을 기억하고, 다가올 '다음'을 예측한다. 이 과정에서 우리는 반복 가능성을 경험한다. 기억과 예상은 반복적으로 발생하는 과정이기 때문에 우리는 현재의 경험을 미래에 또다시 겪을 거라는 기대를 하게 된다.

시간성에 대해 좀 더 살펴보기 위해 두 사람이 만나 대화하는 상황을 떠올려 보자. 글과 달리 말은 실시간으로 오가는 것이어서 즉각적인 것처럼 생각된다. 서양 철학은 전통적으로 글보다는 말을 더 우위에 두고, 말과 목소리가 마치 본질적인 것처럼, 그리고 글은 불가피하게 이를 대체하는 부가적인 것으로 간주하는 경향이 있었다. 하지만 데리다는 이 위계를 뒤집는다. 실제로는 말도 지연되며, 그 안에는 이미 시간적 간격이 내재되어 있다고 말한다. 왜냐하면 우리의 존재가 단지 '현재'에만 있는 것이 아니기 때문이다. 과거의 기억과 미래의 예측이 이미 현재에 섞여 있기 때문에 두 사람이 얼굴을 마주하고 대화를 한다 해도, 그 목소리가 실시간으로 즉각적으로 서로에게 전달되는 것은 아니다. 말은 의미를 전제로 하고, 그 의미는 의식을 거쳐야 하기 때문에 각자의 경험에 영향을 받을 수밖에 없다. 즉 물리적으로 같은 공간에서 나누는 대화라 하더라도 오가는 말들은 같은 시공간의 좌표에 있는 것이 아니라 각기 다른 맥락, 곧 상대적인 시간성을 갖는다.

간단한 예로, 지나가는 개가 짖는 소리를 두 사람이 들었다고 하자. 그 소리는 듣는 이에게 각기 고유한 방식으로 다르게 인식된다. 서로의 대화에 집중하느라 개 짖는 소리를 듣지 못한 사람이 있을 수 있고, 동시에 들었다 하더라도 개에게 물렸거나 아끼던 개를 잃은 경험을 한 사람, 집에서 개가 기다리고 있는 사람 등 저마다의 사정에 따라 그 소리는 다르게 들리고, 각기 다른 시간과 연결된다. 이는 우리가 각자 다른 경험을 바탕으로 세상을 이해하는 존재이고, 우리의 의식 자체가 시간성과 연결되어 있기 때문이다. 즉 우리가 경험하는 '현재'는 단지 시간의 한 순간에 국한되지 않고, 과거의 기억과 미래의 예측이 얽혀 있는 복합적인 시간적 층위를 갖는다. 그러므로 '현재'라는 순간에 대화를 나눈다고 하더라도 그것은 같은 순간이 아니고, 동일한 '현재'가 아니다.

따라서 상대의 목소리를 듣고 대화를 나누는 것은 편지를 주고받는 것보다 즉각적이고 동시적인 것으로 보이지만 실제로는 편지로 소통하는 것만큼이나 이미 그 안에 지연과 차이가 존재한다. 각자의 고유한 경험, 맥락, 처지에 따라 대화는 다른 시점, 다른 시간대에서 이루어질 수 있고, 각기 다른 방식으로 전달된다. 이는 우리가 시간을 이해하는 방식과 의미가 어떻게 전달되는지를 설명하는 중요한 철학적 논의이다. 결국, 즉각적인 것처럼 보이는 '현재'에 이미 '차이'와 '지연'이 들어 있다는 점에서 우리는 언제나 '현재'라는 순간을 넘어서는 복잡한 시간 경험을 하는 셈이다.

따라서 우리는 경험을 두 개의 상반된 힘이 결합된 것으로 이해해야 한다. 사건과 반복 가능성은 본질적으로 둘로 나눌 수 없고, 그 두 힘은 항상 동시에 존재한다. 데리다는 이러한 이해를 통해 시간, 경험, 그리고 그 안에서 발생하는 사건을 보다 복잡하고 다층적인 방식으로 사유한다. 모든 경험은 유일무이한 사건도 아니고 기계적으로 반복되는 과정도 아니며, 이 두 가지가 서로 얽히고 교차하는 복합적인 현상인 것이다. 데리다가 제시하는 경험의 이중성은 시간을 넘어서 우리가 경험

을 어떻게 이해하고 구성하는지에 대한 근본적 질문을
던진다.

13

바퀴

반복 (불)가능성의 의미를 가장 절묘하게 보여 주는 은유는 자동차, 자전거, 수레와 같이, 이동하기 힘든 것을 쉽게 이동시켜 주는 '바퀴'일 것이다. 바퀴는 단순한 동그라미가 아니다. 모든 바퀴에는 반드시 '축'이 있다. 그러므로 바퀴는 축을 중심으로 회전하는 움직임을 통해 이동을 실현하는 장치라 할 수 있다. 게다가 이동하기 위해서 바퀴는 자기 자신에게로 계속 돌아와야만 한다. 이것은 무엇을 의미할까? 대니얼 디포의 유명한 소설 『로빈슨 크루소』*The Life and Strange Surprising Adventures of*

*Robinson Crusoe of York, Mariner*와 하이데거의 주요 저작을 같이 읽어 나가며 진행했던 세미나의 기록『짐승과 주권자』 *La bête et le souverain*에서 데리다는 매우 흥미롭게 이에 대해 설명한다.

"바퀴가 고정된 축을 중심으로 원을 그리며 자기 자신으로 돌아오는 운동을 묘사하기 시작할 때, 그것은 일종의 내재된 형상적 가능성, 즉 은유 (metaphora)가 된다. (그리스어 metaphora는 '운반하다' 또는 심지어 '자동차', '버스'를 의미한다.) […] 이 은유는 자기 자신이 되려는 꿈을 운반하거나 전달한다. 그것은 이동 속에서 자기 자신이 되며, 자기 자신을 유지하면서 자신을 이동시키는 것, 자기 자신을 중심으로 하나의 회전이 되는 것, 그리고 세계 속에서 자기 자신과 통합된 관계를 끌어당겨 고정된 축을 중심으로 자기 자신에게 돌아가는 것을 가능하게 한다. 이 축은 절대적으로 고정된 것은 아니며, 축과 축통, 허브 자체도 움직이지만, 바퀴

가 그 자체로 돌아가는 원에 비해 상대적으로 고정
되어 있다. 바퀴는 거울도 아니고 단순히 원도 아니
며, 회전하는 원은 더더욱 아니다. 예를 들어 피라미
드를 쌓기 위해 돌을 굴리는 데 쓰였던 눕힌 나무 기
둥은 바퀴가 아니다. 그것은 이동과 고정을 모두 가
능하게 하는 축이 부족하다. 이 비범한 장치의 은유
는 자아와의 관계, 즉 자기성의 자율성 속에서 전례
없는 기회와 위협의 가능성, 자동이동(automobility)
의 가능성을 구축하고 지시하는 형상이자, 같은 맥
락에서 그로 인한 위협적인 자기감응, 곧 자가면역
(autoimmunity)의 형상이기도 하다. 내가 반복(불)
가능성이라고 부르는 것, 즉 동일한 것을 반복하면
서 그것을 이동시키거나 변화시키는 것은 동시에 자
원이자 결정적인 힘이자 반복 또는 재생산의 재앙이
기도 하다."[32]

32   Jacques Derrida, *The Beast and the Sovereign*, vol. 2(Chicago: University of
Chicago Press, 2011), 75.

로빈슨 크루소는 섬에 고립되기 전에도 바퀴를 본적이 있어서 그것이 어떤 것인지는 대충 알지만, 몸소 만들어 본 적은 없었다. 섬에서 운반을 쉽게 하기 위해 그는 수레를 만들려고 시도하다 포기한다. 특히 축이나 축이 돌아가도록 하는 축통을 어떻게 만들어야 할지 몰라서 좌절한 상태였다. 그런데 어떤 한순간 아이디어가 번뜩 떠올라 무기와 도구를 연마하기 위한 바퀴 만들기에 성공한다. 그런데 이 아이디어가 떠오른 시점이 의미심장하다. 데리다는 지진으로 땅이 꺼져 로빈슨이 거의 죽을 뻔한 경험을 한 뒤 일어나는 변화에 주목한다. 평소 로빈슨은 짐승이나 식인종에게 살아 있는 채로 삼켜지는 것 혹은 지진 같은 것이 일어나 산 채 땅속에 묻히는 것을 가장 두려워했는데, 실제로 지진이 일어나 그 근원적인 공포에 사로잡힌 것이다. 이때 로빈슨은 자기도 모르게 기도를 했고, 그런 뒤 바퀴를 발명하게 된다. 데리다는 그래서 이 소설 전체를 (알고 있었지만 하지 못했던) 기도의 재발명, 나아가 (알고 있었지만 하지 못했던) 바퀴의 재발명 이야기로 볼 수 있다고 한다.

　기도와 바퀴, 두 경우 모두, 발명이란 항상 반복, 즉 재발명이라는 것을 보여 준다. 세상의 두 번째 기원, 기술의 두 번째 기원을 함축하는 기도와 바퀴의 재발명은 순수한 자발적 움직임이자 스스로 돌아가며 작동하는 자가-운동적이고 자기감응적인 기계들의 재발명, 곧 기계화의 과정을 보여 준다.

　자기 자신의 축을 따라 같은 동작을 반복하면서 멀리 가는 이 움직임은 데리다의 표현대로 "가장 가까운 것과 가장 먼 것, 같은 것과 다른 것은 원 안에서, 섬에서, 회귀 속에서, 수레바퀴 안에서, 그리고 기도 속에서 서로 닿고 접촉한다. 모든 것은 마치 이 허구의 섬에서 로빈슨 크루소가 주권, 기술, 도구, 기계, 도구의 기계화, 그리고 기도, 신, 참된 종교를 재발명하는 것처럼 벌어진다. 이 섬의 경험, 즉 모든 것이 재발명되어야 하는 섬의 허구는 마치 세계의 기원, 우주 자체의 기원, 그리고 우주의 보편화 기원에서 일어나는 것처럼 보인다".[33]

33　Derrida, *The Beast and the Sovereign*, vol. 2, 78~79.

그리고 이러한 자동성과 자율성은 곧 자기를 파괴하는 자가면역으로 작용하기도 한다. 즉 자기를 지키고 살리는 힘, 바로 그 힘이 동시에 자기를 파괴하고 죽이는 폭력이 된다. 이것은 어떻게 일어나는 것일까? 그리고 그 의미는 무엇일까?

14

나

　서양 철학 전통에서 '주체'는 흔히 단일성과 자기동일성을 갖춘 실체로 상정되어 왔다. 데카르트의 "나는 생각한다, 고로 존재한다"라는 명제는 이러한 근대적 주체 개념을 대표한다. 여기서 주체는 의심할 수 없는 내적 명증성을 통해 확실성을 확보하는 존재이며, 타자나 외부 세계보다 자기 안에서의 정당성과 자율성을 우선한다. 그러나 이러한 자기동일성 중심의 주체 개념은 외부와의 관계, 특히 이질성과 타자성을 충분히 사유하지 못한다. 주체는 고립된 실체가 아니라 필연적으로 외부와의 교섭을 통해 형성되는 존재이다.

하지만 20세기 후반 이후, 이와 같은 동일성 중심의 주체 개념에 대한 비판이 본격화되었다. 특히 자크 데리다는 주체의 자기동일성을 탈구축하기 위한 전략으로 생물학의 '면역' 개념을 철학적으로 전유한다. 일반적으로 면역은 외부의 침입을 차단하고 자기의 순수성을 보존하는 방어 체계로 이해된다. 그러나 데리다는 면역을 단순한 배제가 아니라 제한된 수용을 통한 자기 조율의 메커니즘으로 전환시킨다. 생물학적 면역체계는 외부의 항원을 완전히 배제하지 않고, 오히려 그것을 일정 부분 수용함으로써 면역 반응을 유도하고 자기 내부의 질서를 유지한다.

이때 면역은 경계를 강화하는 장치가 아니라 외부와의 접촉을 조건으로 작동하는 자기 구성 체계가 된다. 이러한 데리다의 전복은 '흔적' 개념과 긴밀히 연결된다. 타자는 완전히 동일화되지 않으며, 언제나 주체 내부에 잔여로, 이물질로, 소멸 불가능한 형태로 남는다. 주체는 스스로를 완결할 수 없으며, 타자의 흔적을 반복적으로 수용하고 배치하며 재구성되는 열린 구조이다. "닫힘은 열림을 통해서만 유지된다"라는 말은 단순한 수사가 아니라 존재론적 진술이다.

그러나 이러한 면역의 구조는 때로 자가면역이라는 역설적 현상을 낳는다. 면역 시스템이 자기 내부의 일부를 외부의 위협으로 간주하고 공격할 때, 주체는 오히려 자기 자신을 파괴하게 된다. 데리다는 이 개념을 철학적·정치적 차원으로 확장시킨다. 타자를 배제하려는 과도한 동일성의 정치, 순수성에 대한 강박은 결국 스스로를 파괴하는 지경에 이른다. 민주주의가 스스로를 탈구축할 수 있는 자유를 포괄할 때에만 진정으로 민주적일 수 있다는 데리다의 역설은 동일성과 타자성의 관계에 대한 깊은 통찰을 제공한다. 자기 초과성 없이는 어떤 공동체, 어떤 주체도 존속할 수 없다.

이러한 철학적 사유는 질베르 시몽동(Gilbert Simondon)의 존재론과도 맞닿아 있다. 시몽동은 존재를 고정된 실체로 보지 않고, 끊임없는 외부와의 교환과 경계의 조율 속에서 형성되는 개체화 과정이라 보았다.[34] 생명체는 열림의 막(membrane)을 통해 외부와 접촉하면서도 내부를 조율하는 존재이다. 이 막은 내부와 외부를 나누는 절대적 장벽이 아니라 재조정 가능한 접면이며, 생명의 본질은 바로 이 접면의 유동성에 있다. 시몽동에게 개체화란 존재가 끊임없이 외부에 반응하고, 그 반응 속에서 스스로를 재구성하는 운동이다.

데리다와 시몽동은 분명 서로 다른 철학적 언어를 사용한다. 시몽동은 '형상과 질료'라는 서양 철학의 오래된 이분법을 비판하며, 기술과 생명을 단절이 아닌 연속선상에서 사유한다. 이는 능동적 형상과 수동적 질료라는 위계적 구도를 흔들려는 시도이다. 반면, 데리다는 언어적·윤리적·정치적 차원에서 타자의 흔적, 의미의 지연, 탈구축 가능성에 주목한다. 맥락과 언어는 다르지만, 이들이 지시하는 철학적 지평은 유사하다. 닫힘은 결코 고정된 상태가 아니며, 외부와의 관계 속에서만 유지된다. 동일성은 타자성을 통해서만 가능하

---

34 변지영, 『순간의 빛일지라도, 우리는 무한』(그린비, 2024), 3부 참조.

다. 주체는 폐쇄된 자기동일성에 머물 수 없으며, 자기 내부에 들어온 타자의 흔적을 끊임없이 수용하고 재배열함으로써만 지속된다.

경계는 확정되지 않는다는 것, 따라서 무엇이 나이고 무엇은 내가 아닌지 명확하게 구별하기 어렵다는 것, 내가 선택한 것과 결정한 것보다 훨씬 더 많은 것들이 이미 나를 규정하고 만들었다는 것, 그리하여 낯선 것과 익숙한 것이 금방 뒤집어질 수 있으며 문을 꽁꽁 닫고 돌아서도 이미 그 방에는 유령들이 가득하다는 것. 이것은 무엇을 말해 주는가?

좋은 것과 나쁜 것, 이쪽과 저쪽, 나와 너, 친구와 적, 받아들일 수 있는 것과 없는 것의 기준은 결코 확정적이지 않다. 그 기준은 불확실하며, 언제나 역사적이고 정치적이며, 실시간으로 교란된다. '나'는 내가 설정한 경계 안에서만 존재하는 것이 아니다. '나'는 타자가 끊임없이 침투하고 흔드는 장(場)에 가깝다.

세상 속의 '나'는 이미 타자들이 넘나드는 막에 둘러싸여 있다. 스스로를 지키는 유일한 방식은 어쩌면 자기동일성에 대한 집착이 아니라 자기 초과를 수용하려는 감수성과 타자성을 자기 내부의 형성 조건으로 받아들이는 능력에 있는지도 모른다. 주체는 그 열림 속에서만 살아 있으며, 그 불확실성 속에서만 존재할 수 있다. 우리는 언어, 기억, 상실, 관계와 같은 자기 바깥의 것들을 통해서만 자신일 수 있다. '나'라는 것은 애초부터 자기 외부와의 접촉을 조건으로 삼고 있으며, 그로 인해 스스로 균열되고 흩어질 수밖에 없는 존재인 것이다.

15

굴

칼은 재료를 다듬고 잘라서 요리할 수 있게 해 주고, 손만으로는 하기 힘든 일도 가능하게 해 준다. 동시에 칼은 사람을 위협해 뜻대로 조종하거나 생명을 해치는 데에도 쓰일 수 있다. 그렇다면 칼의 속성은 어떤 것일까? 선한 것일까, 악한 것일까? 이 질문에 대해 누구나 비슷한 답을 할 것이다. 칼 그 자체는 선하거나 악하지 않으며 쓰는 자의 마음에 따라 선하게도 악하게도 쓸 수 있다고.

그렇다면 칼이라는 말을 들었을 때의 느낌은 어떠

한가? 무섭거나 섬뜩하거나 날카롭다는 인상을 받을 것이다. '호감이 간다'라거나 '산뜻하다' 혹은 '기분이 좋아진다'라고 말하는 사람은 아마 없을 것이다. 왜 그 럴까? 칼이라는 도구는 분명 맥락에 따라 쓰임이나 특 성이 달라지는데, 그럼에도 칼이라는 단어는 왠지 모르 게 날을 세운 듯 불편하게 다가온다. 그에 대해서는 아 마 이런 배경을 고려해 볼 수 있다.

칼은 수천 년간 인간의 생사를 가르는 도구였고, 그것은 문화적으로 '위협'과 '죽음'의 상징으로 자리 잡 았다. 그런 집단 기억이 칼이라는 단어에 무의식적으로 감정의 색을 입히는 것일 수 있다. 개인 차원의 경험을 넘어서는 문화적인, 역사적인 의미가 이미 칼에 새겨져 있는 것이다. 조금 과장해서 말하자면, 인류가 겪은 수 많은 이야기와 감정, 기억들은 우리 안 어딘가에 작고 단단한 캡슐처럼 응축되어 내장되어 있는지도 모른다. 다 알아낼 수도 없고 다 의식하지도 못하지만 어떤 존 재의 토대가 개인 차원을 넘어 연결된다고 볼 수도 있 다. 의식하지 못하더라도 영향을 받는 그 무엇, 융은 이것을 집단 무의식이라고 불렀다.

만약 우리 안에 그러한 캡슐이 들어 있다면, 그 캡슐은 우리에게 지속적인 영향을 끼치면서도 결코 터지지 않게 되어 있음이 틀림없다. 그래서 사람들에게 '이전의 기억'이 없는 것이다. 오늘날, 조상들과 연결되어 직접적으로 영향을 받으며 살아간다고 믿는 사람은 거의 없다. 세상에 처음 태어나서 자기 고유의 삶을 살다가 죽으면 '끝난다'라고 확신한다. 게다가 우리는 자신을 '하나의 존재'로 여긴다. 단일하고, 타인과는 구별되는 명확한 정체성을 가진 존재. 자신의 노력과 능력, 자신의 판단과 결정에 인생 대부분이 달려 있다고 믿는다. 현대 사회는 이러한 믿음을 기반으로 작동하고 있다. 타자와의 경계가 선명하게 나뉘는 자아의 고유함과 단일성, 자기동일성은 너무나 당연하게 생각되어 의심조차 하지 못한다. 이 '당연한 것'이 무너질 때 사람들은 혼란에 빠지고, 우울이나 불안, 강박, 공황장애를 겪는다.

그런데 여기에는 좀 더 살펴볼 만한 지점이 있다.

'나'라고 하는 것이 분명한 정체성을 갖는 단일한 것이 되려면 바깥으로부터 '닫혀 있어야' 한다. 바깥의 이질적인 것이 침투해서 나와 섞이거나 교란하는 일은 없어야 한다. 나와 바깥의 경계가 '확실해야' 정체성이, 자기동일성이 유지된다. 그렇다면 실제로 '나'는 그렇게 되어 있을까? 만약 그렇게 되어 있다면 '나'라고 하는 것의 내용은 시작 시점부터 이미 내부에 다 갖춰져 있어서, 태어난 이후로 아무런 변화가 없이 균질한 상태로 유지되어야 할 것이다. 바깥으로 나가는 것도 없고 바깥에서 들어오는 것도 없는 상태, 곧 죽음과 동일한 상태일 것이다.

살아 있는 존재들은 모두 내부와 바깥 사이에 막이 있어서 무언가를 내보내고 받아들인다. 물론 이 막이 완전히 열려 있지는 않다. 완전 폐쇄가 죽음이듯 완전 개방 역시 죽음이다. 완전히 닫히면 고립되지만, 완전히 열리면 자아는 이미 소멸이다. 삶이란 그런 의미에서 끊임없이 문을 여닫는 일일지도 모른다. 세포막이 그러하듯 우리 존재의 막들은 선택적으로 투과를 한다.

어떤 것은 자동적으로, 어떤 것은 노력을 들여 의식적으로 그렇게 한다. 그렇다면 '나'라고 하는 것은 일부는 닫혀 있고 일부는 열려 있는 구조로 되어 있어서, '내가 아닌 것'과의 교류를 통해 구성되어 간다고 말할 수 있다. 따라서 자아는 자기동일성을 가질 수 없다. 다층적이고 다양한 것들로 만들어져 가는 과정에 있기에 결코 단일한 것이 아니다. 우리는 불확실한 타자성에 열려 있음으로써만 살아 있을 수 있다. 끊임없는 타자와의 마찰과 교류 속에서 자아는 계속 재구성된다. 따라서 이를 차단하고 막으려 할수록 더 파괴적인 결과를 낳게 된다. 비단 바깥의 타자들만 문제가 되는 것은 아니다. 타자는 이미 내부에도 있다. 카프카가 말년에 쓴 미완성 작품 『굴』은 바로 이 문제를 아주 정교하게 형상화한다. 이 소설은 타자를 차단하고 완전한 자기동일성으로 살아가고자 하는 존재가 어떤 파국에 이르는지를 섬세하게 그려 낸 일종의 실험소설이다.

　『굴』의 화자는 두더지처럼 굴을 파는 존재이다. 그는 조용하고 안전하고, 아늑한 환경을 구축하는 데 자신의 삶 전체를 바쳐 왔다. 글은 이렇게 시작된다.

"나는 굴의 건축을 완성했고, 그것은 성공적인 것처럼 보인다."[35]

하지만 이는 어디까지나 "성공적인 것처럼 보일" 뿐이다. 굴의 정교한 구조를 자랑스러워하면서도, 화자는 잠시도 평온하게 지내지 못한다. 그는 끊임없이 건축하고, 재구축하며, 수선하고, 수리하고, 감시하고, 통제한다. 굴의 구조, 환기 통로, 도피 경로, 먹이 저장고, 출입구와 그 은폐 방식까지 철저히 계산하고, 수없이 시뮬레이션하며, 어느 누구도 침입할 수 없는 완벽한 폐쇄성을 추구한다. 이 모든 행위의 목적은 오직 '불안'으로부터의 해방이다.

그런데 이상하게도 굴이 완성될수록 만족감을 느끼기는커녕 화자는 점점 더 미세하고 정교한 수준으로

---

35   Franz Kafka, "The Burrow", in *The Complete Stories*, ed. Nahum N. Glatzer, trans. Willa and Edwin Muir(New York: Schocken Books, 1971), 354.

커져 가는 불안을 느낀다. 마치 바깥을 밀어내는 노동에 영원히 갇힌 것처럼 그는 집의 완성도를 하나라도 더 높이기 위해 계속해서 일한다.

　더욱 심각한 것은 굴을 보호하기 위해 들이는 노력이 많아질수록 화자는 굴이 오히려 유령 같은 존재들에 의해 더욱 사로잡히는 것처럼 느낀다는 점이다. 마치 유령들이 외부에 있는 것이 아니라 오히려 집의 '아늑함'이 건축되는 과정에서 동시에 함께 생성된 것처럼, 화자는 집을 완벽하게 만든 후에야 이상한 소리를 듣게 된 것이다.

　　"먼저 이곳이 정말 내 집처럼 느껴져야만 그 소리를 들을 수 있다. 말하자면 그 소리는 오직 집주인의 귀에만 들리는 것이다."[36]

　　"하필 내가 가장 좋아하는 방에서 이런 일이 생기다

36　앞의 문헌, 371.

니, 나는 속으로 그렇게 생각하면서 제법 멀리 떨어진 곳까지 걸어가 본다. 다음 방으로 이어지는 통로의 중간쯤까지 간다. 이건 일종의 장난처럼 하는 행동이다. 마치 내가 가장 좋아하는 방만 문제인 것이 아니라 다른 곳에도 이상이 있다는 듯이 말이다. 나는 웃는 얼굴로 듣기 시작하지만, 곧 웃음을 거두게 된다. 왜냐하면 역시나 거기서도 똑같은 휘파람 소리가 들리기 때문이다."[37]

주인공은 이제 굴속 어딘가에서 들려오는 정체를 알 수 없는 '소리'에 사로잡힌다. 그는 외부의 침입을 의심하고 자신의 설계를 의심하며, 자신이 만든 세계 속에서 끊임없이 감시하고 의심하고 불안해한다. 문제는 이 소리가 진짜 존재하는 것인지조차 불분명하다는 데 있다. 어쩌면 그것은 자기 안에서만 들리는 환청일지도 모른다. 이 모호한 진동은 점점 커지고, 결국 그로

---

37 앞의 문헌,372.

하여금 굴의 구조 자체를 부정하게 만든다.

『굴』은 철저히 닫힌 자아, 외부를 배제한 자기동일
성의 폐쇄 회로가 얼마나 파괴적이며 자가면역적인지
를 보여 준다. 외부로부터 나를 지키려는 시도는 결국
내부의 모호한 '무언가'를 증폭시킨다. 완벽한 보호는
오히려 자신을 병들게 한다. 타자를 차단한 공간은 고
요하지 않다. 오히려 침묵할 줄 모르는 내부의 소음에
의해 괴멸된다.

카프카의 이 짧은 소설은 마치 철학적 우화처럼 다
가온다. 굴의 내부란 곧 의식의 내면이며 자아의 폐쇄
된 공간이다. 그런데 그 내부에서 생겨나는 정체불명의
소리는 무엇인가? 그것은 밀려난 타자일 수 있고, 억압
된 무의식일 수도 있으며, 혹은 자아가 부정하고 싶었
던 과거의 기억, 또는 윤리적 응답의 요구일지도 모른
다. 중요한 것은 이 소리는 아마도 결코 사라지지 않을
것이며, 완벽하게 통제할 수 있는 안전한 굴 혹은 집은
가능하지 않다는 것이다.

우리가 밖에 두려고 하는 것은 안에 살고 있으며,

그 사실 없이는 안이 존재할 수 없다. 하지만 이것이 곧 안과 밖이 동일하다는 것을 의미하지는 않는다. 이 상황에는 그 자체로 환원될 수 없는 이중성이 있다. 그리고 무엇보다 흥미로운 것은 이분법적 분할에 의해 배제된 것들이 그 경계에서 유령처럼 출몰한다는 사실이다.

이것은 무슨 의미일까? 우리가 타인과 적극적으로 교류하든 하지 않든, 관계를 맺든 맺지 않든 때로는 귀찮고 불편한 타자를 차단해서 안전하고 편안한 '나'를 만드는 것이 불가능하다는 얘기일 것이다. 통제 불가능한 것, 이해할 수 없는 것, 위험한 것, 알 수 없는 것, 섬뜩한 것은 이미 내부에 있기 때문이다. 모든 것을 자기동일적인 것으로 해석해서 취하는 나, 타자의 타자성을 지워 버리고 나의 일부로 삼아 버리는 나. 바깥세상보다 더 위험한 것은 당신의 집, 그 집에 있을지도 모른다. 익숙하다고 믿었던 것이 가장 낯설고 섬뜩해지는 현상. 프로이트는 이를 운하임리히(Unheimlich)라 불렀다.

16
섬뜩함

자아는 한없이 탐욕스럽다. 이해되지 않는 것은 이해되는 것으로 바꾸고, 아무리 바꾸려 해도 바뀌지 않는 것은 밀어내고 배제한다. 누구를 만나든 무엇을 보든 자아는 결국 그것을 자기의 일부로 번역하고 변형하여 취한다. 이 모든 것은 생존을 위한 걸까? 생존만을 위해서라면, 그렇게까지 탐욕스러울 필요는 없었을 것이다. 때때로 이러한 노력들은 무용하거나 해롭고, 심지어 자기를 파괴하기도 한다. 자기를 고수하려는 힘은 생사를 초과하는 것처럼 보이기도 한다.

익숙한 것 안에 존재하는 낯선 것 혹은 익숙한 것
이 낯설어지는 것. 프로이트가 말한 '운하임리히'는 그
런 현상을 가리킨다. 그것은 단순한 낯섦이 아니다. 아
늑하고 편안한 장소, 세상의 피로를 잊고 쉴 수 있는 피
난처인 '집'이 어느 순간 가장 섬뜩하고 무서운 곳이 되
어 버리는 느낌이다. 마치 바깥의 위협이 사라진 뒤에
도 내부 어딘가에서 균열이 감지되는 순간, '집'이라는
단어가 품고 있는 온기조차 의심스러워지는 감각.

오래된 괴담 하나가 이 단어를 가장 잘 설명해 준
다. 깜깜한 밤, 아이는 엄마와 집으로 돌아오는 길이었
다. 아파트 안으로 거의 다 들어왔는데 갑자기 기묘한
소리가 들렸다. 두려움에 사로잡힌 아이는 얼른 달려가
엘리베이터 버튼을 누르고 엄마가 타자마자 닫힘 버튼
을 눌렀다. 그런 뒤 엄마를 돌아보며 말했다. "휴우, 다
행이다, 엄마." 그런데 그 순간 들려오는 소리, "내가 네
엄마로 보이니?"

카프카의 『굴』이 보여 주듯 가장 섬뜩한 순간은 안

전하다고 믿었던 곳이 위험하게 느껴지는 순간이자 엄마로 보이는 사람이 엄마가 아닐지도 모르는 순간이다. 자아는 대개 이런 순간을 견디지 못하고, 이해하지 않으려 한다. 그래서 성벽을 더 높게 쌓고 보안 시스템을 최대로 구축해 예측 가능하고 통제 가능한 집을 만들고자 한다. 그런데 그 과정에서 '집'은 서서히 무너진다. 오히려 집이 더 위험하고 낯설게 느껴지면서, 집은 더 이상 집이 아니게 된다. 불안을 막기 위한 공간이 오히려 불안을 유입시키는 통로가 돼 버린다. 통제 불가능한 것, 이해할 수 없는 것, 위험한 것, 알 수 없는 것, 섬뜩한 것은 바깥에서 침입하는 것이 아니라 내부에서 솟아오른다.

자기를 보호하려는 시도가 오히려 자기를 공격하게 되는 결과를 낳게 되는 것. 데리다는 이를 자가면역의 비유로 설명한다. 면역체계가 자기 몸의 정상 세포를 '외부 침입자'로 잘못 인식해 공격하는 현상, 즉 자가면역 질환은 내부와 외부, 자기와 타자의 구분이 불분명해지는 순간에 발생한다. 경계가 붕괴되고, 자기를 보호해야 할 면역이 오히려 자기를 파괴하는 이 역설은 데리다에게 있어 단순한 의학적 은유가 아니라 철학적 이고 존재론적인 구조로 작동한다. 타자를 제거하려는 욕망이 결국 자기 파괴로 이어지는 이 자기 소멸적 과정은 '자기'라는 정체성의 불안정성과 타자에 대한 공포가 얽혀 있는 복합적 구조를 드러낸다.

이것은 단순히 개인적인 심리적 문제를 설명하기 위함이 아니다. 그가 자가면역을 통해 보는 것은 제도와 체제, 공동체, 국가, 나아가 민주주의의 과정이다. 예를 들어 민주주의는 스스로를 보호하기 위해 외부의 위협을 막고, 타자를 규율하는 장치를 강화하려 한다. 하지만 그러한 조치들이 지나치게 작동하면 민주주의가 지켜야 할 자유, 개방성, 타자에 대한 환대의 가치들이 오히려 내부에서 억압당하게 된다. 민주주의가 스스로를 보호하려다 자기 자신의 기반을 붕괴시키는 자가면역적 역설이 발생하는 것이다.

이런 현상은 안보 체제, 종교 조직, 언론과 교육, 심지어 학문 제도까지도 관통한다. 제도가 자신을 지키기 위해 경계를 강화하고 정체성을 고정할수록 오히려 그 내부의 다양성과 타자성을 억압하게 되고, 결국 자가붕괴의 방향으로 향하게 된다. 자가면역은 단지 '위험한 결과'가 아니라 자기동일성을 유지하려는 모든 시스템이 근본적으로 안고 있는 구조적 모순을 드러내는 개념이다. 안과 밖의 경계, 내부와 외부를 규정하는 모든 것들은 이 모순을 피해 갈 수 없다.

『굴』의 주인공이 자기를 방어하려는 행위로 인해 오히려 자신을 병들게 하듯, 모든 제도는 타자를 규제하고 통제하려는 욕망 속에서 내부에 이미 깃든 낯선 것과 마주하게 된다. 타자는 결코 외부에만 있는 존재가 아니다. 침입을 막기 위한 모든 설계는 내부에서부터 균열을 일으키며, 궁극적으로 가장 내밀하고 안전하다고 여겼던 공간이 가장 위협적인 장소로 전도된다.

"굴 안에서의 모든 것이 완전히 뒤바뀌었다. 한때 위험의 장소였던 곳이 이제는 평온의 공간이 되었고,

성채는 세상의 혼란과 위험 속으로 빠져들었다."[38]

아늑함(homely)은 언제나 섬뜩함(unhomely)을 이미 품고 있으며, 동시에 그로 인해 불안정해진다. 집이 집처럼 느껴지지 않는 것, 내가 나처럼 느껴지지 않는 것, 그가 더 이상 그처럼 느껴지지 않는 것. 익숙한 것이 갑자기 낯설어질 때의 섬뜩함은 우리 안에 이미 들어 있는 오래된 타자들을 일깨우는지도 모른다. 인류의 모든 감정과 생각, 행동과 사건 들이 단 하나도 사라지지 않고 우리 내부에 축적되어 계속 영향을 미치듯, 집단 무의식이 개인을 미궁으로 빠지게 하기도 하고 지혜의 길로 나아가게 만들기도 하듯, 하나로 보이는 것들은 이미 그것이 하나가 아니게 하는 타자성을 내부에 담고 있으며, 우리가 안정이라 느끼는 순간은 유예된 균열 위에 서 있는 일시적 평형일 따름이다. 한없이 탐욕스러운 '나', 맹목의 '나'는 이러한 죽음 가능성 덕분에 살

38 앞의 문헌,379.

아남는다. 균열할 수 있어서, 붕괴할 수 있어서 '나'는
살아 있다.

17
사후성

사건은 늘 뒤늦게 일어난다. 그때에는 모르고, 알게 될 때에는 이미 그것을 지나와 있다. 어떤 일이 어떤 일이었는지, 자신이 그로 인해 어떤 영향을 받았는지를 알아차릴 때는 이미 그것으로부터 멀어진 지 한참 후이다. 물론 그 와중에도 새로운 일들은 계속 일어난다. 그렇게 과거의 일은 미래의 일이 되고, 미래의 해석은 다시 새로운 과거 사건이 된다.

데리다의 표현을 빌리자면 사건은 결코 예측할 수 없고 어쩌면 결코 완전히 일어나지 않는 것일 수도 있다. 이는 단지 기억의 작동 방식에 관한 문제가 아니다. 사건이 어떻게 의미를 획득하고, 주체가 어떻게 시간 속에서 자신을 구성하는가에 대한 보다 근본적인 물음으로 이어진다. 이 지점에서 우리는 프로이트가 제시한 사후성(Nachträglichkeit) 개념을 참조할 수 있다.

정신분석 개념들 가운데 사후성은 시간과 의미, 기억과 사건의 관계를 사유하는 데 있어 가장 독창적이면서도 난해한 사유 도구 중 하나이다. 이 개념은 겉보기에 단순한 시간의 선형적 흐름을 탈구축하며, 트라우마적 사건이 훗날 기억을 통해 의미화된다는 점에서 시간의 이중 방향성을 전제한다. 즉 사건은 그것이 발생했을 때가 아니라 훗날 다시 해석되고 맥락화됨으로써 진정한 의미에서 비로소 '사건'이 된다. 이때의 의미화는 단순한 회상이나 복원이 아니라 본래는 아무 일 없이 지나쳤던 순간이 훗날 해석을 통해 비로소 심리적 충격으로 되돌아오는 구성 행위이다.

이러한 관점에서 사후성은 단지 과거의 재구성이 아니라 과거와 현재가 서로를 규정하는 순환적 관계 혹은 원형적 보완 관계를 의미한다. 이는 시간의 흐름이 단선적인 원인-결과 구조로만 환원될 수 없음을 시사하며, 정신분석이 시간과 인과성을 어떻게 다르게 사유하는지를 잘 보여 준다.

이 개념은 프로이트가 이미 1895년에 『과학적 심리학을 위한 초고』*Project for a Scientific Psychology*에서 구상한 것이지만 그는 이후에도 이를 명시적으로 체계화하지는 않았다. 그럼에도 불구하고 이 개념은 잠복기와 이중 단계의 발달 구조를 통해 시간적 연결성과 심리적 인과성을 이해하는 데 필수적인 역할을 한다. 특히 히스테리, 꿈, 유아기 기억의 형성과 재구성 과정에서 중심적인 역할을 하며 트라우마를 설명하는 데 매우 중요한 개념이 된다.

사후성(Nachträglichkeit)이라는 단어는 그 자체로도 번역의 어려움을 내포한다.[39] 프로이트 전집을 번역

39 Friedrich Wilhelm Eickhoff, "On Nachträglichkeit: The Modernity of an Old Concept", *The International Journal of Psychoanalysis* 87, no. 6(2006): 1453-1469.

한 앨릭스 스트레이치(Alix Strachey)의 영어 번역 "지연된 작용"(deferred action)은 행위가 나중에 이루어진다는 점을 강조하지만 그로 인해 과거로의 회귀적 효과는 희미해진다. 한편 프랑스어로 "뒤늦은 타격"(après-coup)이라는 번역이 라캉과 장 라플랑슈(Jean Laplanche)에 의해 적극적으로 받아들여졌으며, 라플랑슈는 이를 보완하기 위해 "이후성"(afterwardness)이라는 신조어를 제안하기도 했다. 그 외에도 시간의 선후 관계를 뒤집는다는 의미에서 "역행적 시간성"(retroactive temporality), 나중에야 어떤 사건에 원인이나 의미를 돌리는 심리적 구성이라는 의미에 초점을 맞춘 "사후적 귀인"(retrospective attribution)이라는 표현 등이 있었지만, 이런 용어들 중 어느 것도 Nachträglichkeit의 다층성을 온전히 담아내지는 못한다.

　이러한 번역상의 불일치는 단순한 언어적 문제를 넘어서, 이 개념의 철학적 개방성에서 비롯된다. '사후성'은 결정론적 인과성과 해석학적 의미 부여의 구분을 탈구축하면서 어떤 사건이 갖는 의미가 단지 과거에 내재된 것이 아니라 오히려 미래의 해석을 통해 소급적으로 부여된다는 점을 드러낸다. 이는 과거의 의미가 현재에 의해 끊임없이 재구성된다는 점에서, 역사적 주체성을 가능케 하는 조건이기도 하다.

실제로 에어트하임은 이 개념을 통해 청소년기와 기억, 시간성의 역동적 관계를 탐구했으며, 사후성이 어떻게 한 개인을 단순한 기억의 수용자가 아니라 역사의 주체로 탈바꿈시키는지를 설득력 있게 논증했다.[40] 여기서 중요한 것은 유년기의 기억이 고정된 과거로 작동하는 것이 아니라 훗날의 독해를 통해 다시-쓰기의 장이 된다는 점이다. 다시 말해 주체란 과거에 의해 구성되는 것이 아니라 과거를 다시 해석함으로써 현재와 미래를 함께 구성하는 존재이다.

이처럼 사후성은 단순히 심리적 현상이나 트라우마 이론의 설명을 넘어서, 시간성과 주체성에 대한 깊은 철학적 사유를 요구하는 개념이다. 이 개념은 시간

40　Michael Erdheim, "Psychoanalyse, Adoleszenz und Nachträglichkeit", *Psyche* 47, no. 10 (1993): 934~950.

의 선형적 흐름을 탈구축하고, 기억과 해석을 통해 사건이 형성된다는 점에서, 존재와 진실, 해석과 생성이라는 핵심 문제들을 가로지른다.

사건은 나중에야 일어난다. 그러나 이 '나중'은 단지 시간상 뒤늦다는 의미가 아니다. 그것은 오히려 존재론적 생성의 또 다른 이름이다. 이 생성은 어떤 실재의 재현이 아니라 의미가 시간 속에서 구성되는 방식 그 자체에 관계한다. 즉 사건은 과거에 단순히 '일어났던' 것이 아니라 현재의 해석 속에서 주체에게 새로운 의미와 방향을 부여하는 방식으로 새롭게 생성된다. 존재는 이미 주어진 것이 아니라 해석 속에서 끊임없이 새롭게 생성되는 것이다.

따라서 사건은 결코 단일한 것이 아니고 단회적인 것도 아니다. 사건이 사건이기 위해서는 반드시 어떤 형태의 반복 가능성이 내재해 있어야 한다. 인식이란 반복을 전제로 한다. 그러나 반복은 단순한 재현이 아니라 차이를 동반하는 반복이다. 동일한 것이 반복될 때마다 항상 다르게 발생한다는 점에서 반복은 동시에 변화의 조건이 된다. 바로 이 지점에서 새로운 것, 새로운 사건이 모든 서술과 재현 속에서 다시금 '발생'하게 되는 것이다.

만약 우리가 사후성의 구조를 진지하게 받아들인다면 사건을 이미 지나간 과거의 일부로 환원하고 그 '맥락'을 고정하려는 역사주의적·문화주의적 해석의 통념은 더 이상 설득력을 가지기 어렵다. 사건은 결코 종결되지 않으며, 언제나 해석의 지평 안에서 재발생하는 운동으로 존재한다.

"일반적으로 현재가 본래의 것이 아니라 재구성된 것이라는 것, 경험의 절대적이고 완전히 살아 있는 구성적 형태가 아니라는 것, 살아 있는 현재의 순수함이란 존재하지 않는다는 것."[41]

데리다는 바로 이것이야말로 프로이트가 제기한

41　Jacques Derrida, *Writing and Difference*. trans. Alan Bass(Chicago: University of Chicago Press, 1978), 212.

획기적인 문제이며, 형이상학의 근간을 흔드는 실로 강력한 주제라고 말한다. 데리다의 철학적 작업은 사건의 '사후성'이라는 복잡한 구조를 끊임없이 밝히고 드러내는 수행이었다고 말할 수 있다. 그는 매번 다르게 반복되는 동일한 것, 즉 차이를 수반하는 반복을 하나의 사유 속에서 품으려 했다. 이 반복은 데리다의 말처럼 항상 반복 (불)가능성의 구조 속에서 작동한다. 반복될 수 있기 때문에 반복되지 않으며, 반복될 때마다 달라질 수밖에 없다는 것, 즉 동일성의 반복이 아니라 차이를 통한 의미의 갱신을 전제한다. 그에게 사건이란 항상 사후적으로 해석되는 구조 속에서 의미화된다. 사건은 결코 완전히 발생하지 않았으며, 그렇다고 완전히 종료된 적도 없다. 따라서 사건은 언제나 도래 중인 무엇으로 남는다. 아직 발생하지 않은 것이고, 이후 어딘가에서 다시금 발생해야 할 어떤 것이다. 사건의 진정한 시간은 이처럼 계속해서 유예되고 반복되며, 사후적으로 구성된다. 그것은 늘 '뒤늦게' 오지만 동시에 가장 먼저 온다.

18
자-타율성

의미는 공간적으로 분산되고, 시간적으로 지연된다. 의미는 다른 것들과의 차이 속에서만 형성되며, 따라서 언제나 미끄러지고, 항상 나중에, 어딘가에서 다른 것과의 관계 안에서만 도래한다. 오직 지연되고 이탈하며, 그 자체가 아니라 차이들 사이에서만 드러나는 의미 작용인 데리다의 '디페랑스'는 프로이트의 '사후성' 개념에서 실마리를 얻은 것으로 해석되기도 한다.

사후성은 사건이 발생한 이후에야 비로소 그 사건의 의미가 형성된다는 시간적 비대칭성을 가리킨다. 어떤 경험은 그것이 일어난 당시에는 무의미하거나 사소하게 여겨지지만, 이후의 사건이나 맥락 속에서 돌이켜졌을 때 돌연 결정적인 것으로 재구성된다. 원인은 결과를 낳지만, 그 결과는 다시 원인의 의미를 재정의한다. 이 시간의 되감기 속에서 의미는 일직선으로 도달하지 않고, 도착 이후에야 발생한다. 이러한 이중 시간성은 디페랑스 개념과 깊이 연결되며, 의미란 언제나 이미 지나간 이후에 다른 것들과의 차이와 얽힘 속에서야 비로소 발생한다는 데리다의 입장을 정초하는 데 기여한다.

당대의 인문 과학 사상가들과 달리 데리다는 언어 중심주의에 굴복하지 않았으며, 언어와 세계를 대립시키고, 언어가 외부 세계의 실재를 정확히 지시함으로써 의미가 확정된다고 보는 지시론적 언어관과 이를 뒷받침하는 실증주의적 언어관에도 비판적이었다. 그렇다면 데리다에게 언어와 의미는 무엇인가? 제프리 베닝턴은 다음과 같이 정리한다.

"이 '의미'는 의미가 아닌 다른 무엇으로써만 의미
가 된다. 완전히 '말이 되는 것'은 아니다: 의미는 완
전하게 의미를 이루지 못한다. 이러한 의미의 필연
적인 노출, 곧 '단순한 의미'로서의 의미가 불가능하
다는 사실 자체가 오히려 의미의 가능성을 이루는
조건이며, 그것이야말로 데리다 사유 전체의 도식
이자 자크 데리다의 서명(signature)이라 할 수 있다.
즉 시작은 언제나 잘못된 시작이어야 한다. 일반적
으로 가능한 것은 불가능해야 하고, 무한한 디페랑
스는 유한해야 하며, 위험은 동시에 기회여야 하고,
약속은 선험적으로 위협과 분리될 수 없어야 하며,
우리는 언제나 끝나지 않는 쓰기와 읽기의 환경 속
에 놓여 있어야 한다."[42]

이처럼 의미는 결코 하나의 기원이나 본질에서 자
족적으로 솟아오르지 않는다. 의미는 항상 미끄러지고,

42   Geoffrey Bennington, *Not Half No End: Militantly Melancholic Essays in Memory of Jacques Derrida*(Edinburgh: Edinburgh University Press, 2011), 133.

시간적으로 지연되며, 공간적으로 분산된다. 바로 이 지연과 분산의 장(場)에서 데리다는 '쓰기'(écriture)라는 개념을 끌어온다. 여기서의 쓰기는 단지 문자로 된 기록이나 필기 행위를 의미하지 않는다. 오히려 쓰기는 의미가 생성되기 위해 반드시 거쳐야 하는 물질적 흔적, 차이의 간격, 부재의 표식, 곧 '디페랑스'의 운동이 새겨지는 장소를 뜻한다. 의미는 목소리의 현재성이나 정신의 직접성 속에서 완결되는 것이 아니라 언제나 부재한 것의 흔적으로서 물질적 흔적 속에 각인된다. 말보다 먼저인 쓰기 혹은 말의 바탕에 이미 침투해 있는 쓰기란 의미를 지연시키고 흩어지게 만드는 타자성의 구조를 드러낸다.

쓰기란 곧 의미가 온전히 도래하지 못하고 끊임없이 미뤄지는 구조 자체이며, 그 미뤄짐의 과정 속에서 의미가 생겨난다는 점에서 '쓰기'는 하나의 존재론적 조건이다. 말이 의미를 완전히 담아내지 못하는 까닭도 바로 이 쓰기의 간극 때문이다. 의미는 말해질 수 있기 때문에 의미가 되는 것이 아니라 쓰여질 수밖에 없기 때문에, 즉 언제나 미뤄지고 흔적으로만 나타나기 때문에 의미가 된다. 따라서 데리다의 글쓰기는 의미의 불가능성 안에서의 가능성, 즉 어떤 완전한 의미가 불가능하다는 조건 속에서만 가능해지는 의미의 방식 그 자체이다.

이러한 의미의 미뤄짐, 부재, 흔적으로서의 쓰기는 데리다에게 있어 단순한 언어 행위가 아니라 존재 방식 그 자체에 대한 사유로 확장된다. 그리고 이 쓰기의 운동은 궁극적으로 '서명'이라는 개념으로 수렴된다. 서명이란 말 그대로의 필적이나 자필 사인을 넘어서 자기 자신임을 증명하려는 불가능한 시도, 타자에게 자신을 맡기면서 자신을 남기려는 제스처를 뜻한다. 어떤 의미에서 서명은 '나'의 흔적을 남기려는 행위이지만, 그것은 동시에 언제나 내가 없는 자리에 남겨지는 것이기에 부재 속에서만 가능하다.

진정한 서명이란 내가 거기에 없을 때에도 유효해야 한다. 그러므로 서명은 필연적으로 타자 앞에 놓이는 행위이며, 그것은 언제나 읽힘을 전제한다. 다시 말해 서명은 타자성의 장 속에, 해석의 열린 미래 속에 던져져야만 한다. 나의 의도, 나의 현재성은 결코 온전히 붙들리지 않으며, 어떤 것도 나 자신을 완전히 담보해 줄 수 없다. 그러나 바로 그 불가능성 속에서 '자기 자신임을 표기하려는 시도'로서의 서명은 의미를 생성한다. 쓰기와 서명은 둘 다 완결되지 않기에, 다시 말해 둘 다 열려 있기에 바로 그 열림 속에서 의미는 계속해서 다시 태어난다.

모든 글은 저자의 자백이다. 그러나 글은 저자를 떠나 독자에게 도달하는 순간, 결코 닫히지 않고 끊임없이 생성되며 재해석되기에 그 자백은 항상 오해·오역·오인의 위험에 처한다. 이것이 글쓰기의 운명이자 더 근본적으로는 언어의 운명이다.

언어는 결코 '그것' 자체를 드러내지 않는다. 언어는 언제나 그것을 둘러싼 근접항으로, 그것과 인접한 비유를 통해서만 그것을 드러낸다. 가령 "시간은 강물이다"라는 문장을 보자. 우리는 시간 그 자체를 붙잡지 못한 채 강물이라는 공간적 이미지에 시간을 기입한다.

이때 '시간'은 곧바로 '강물'이 될 수 없음에도 우리는 '강물'이라는 비유를 통해 시간에 접근한다. 그러므로 우리는 이 비유에 암묵적인 취소선을 그어야 한다. '시간은 강물이다'라고 쓰지만 동시에 '시간은 곧 강물은 아니다'라는 부인을 겹쳐 쓴다. 글쓰기는 이처럼 지워 내면서도 지워 낸 흔적을 남기며 사유를 가능케 한다.

그럼에도 불구하고 우리는 그것 그 자체를 언어로 포착할 수 없다. 대신하여 드러내는 순간, 우리는 필연적으로 훼손과 폭력의 위험을 감수하게 된다. 언어화란 결국 하나의 강제이고, 사유를 가능케 하는 조건이자 동시에 그 가능성의 폭력적 기반이다. 이러한 폭력을 감수하지 않고는 어떤 철학적 사유도 시작될 수 없다. 그러므로 우리는 '그것'에 도달할 수 없음을 알면서도 도달 불가능성 그 자체를 사유의 동력으로 삼는다.

이러한 언어의 본성과 구조는 글쓰기를 넘어 자아에도 적용된다. 글이 독자의 타자성에 의해 흔들리는 것처럼 자아 또한 타자의 언어, 응시, 기억에 의해 형성되고 위협받는다. 자아는 고정된 중심이 아니라 외부에 노출됨으로써 생겨나는 흔적의 총합이다.

베닝턴은 이러한 구조를 '자-타율성'(autronomy)이라는 개념으로 제시했다.[43] 이는 전통적 자율성(autonomy) 개념에 대한 탈구축적 개입이다. 자-타율성이란 자율성과 타자성(alterity)의 불가분한 얽힘이며, 모든 자기표현이 이미 타자의 흔적에 감염되어 있음을 전제하는 개념이다. 데리다가 말했듯 "글은 항상 자기를 넘어 타자에게 열려 있다". 글은 결코 폐쇄된 자기표현이 아니며 읽히기 위해 쓰이는 것이고, 읽힘의 순간에 의미는 생성되면서 동시에 불안정해진다. 저자의 자율성은 독자의 타자성에 의해 파열되고, 이 파열의 순간이야말로 글쓰기의 진정한 생성이 발생하는 지점이다.

이 구조는 글쓰기와 존재의 차이를 지연시키며, 닫힌 자기동일성을 불가능하게 만든다. 의미는 결코 그 자체로 드러나지 않고, 항상 우회적으로만 도달한다. 이 우회는 단지 순환이 아니라 열린 지연의 체계로 기

<hr>

43 앞의 문헌, 같은 쪽.

능한다. 자타율성은 이 지연 속에서만 가능해지는 자율성의 효과, 곧 타자에 의해 조건 지어진 자율성의 구조를 지시한다. 이때 자율성이란 개념 자체는 오직 타자의 개입을 선행 조건으로 삼을 때에만 성립할 수 있다.

자아 역시 그렇다. '나'는 자기동일성의 단단한 중심이 아니라 타자에 감염된 흔적들의 총합이며, 항상 외부와의 접촉과 지연을 통해서만 구성된다. 이는 자아와 타자, 자율성과 이질성, 동일성과 차이 사이의 경계를 고정시키지 않고, 그 경계에서 끊임없이 미끄러지는 운동성을 사유하게 만든다. 이 운동성은 자아나 언어를 하나의 폐쇄된 체계로 정착시키는 모든 시도를 무효화하며, 의미의 끊임없는 디페랑스 속에서만 '있음'을 가능하게 한다.

자타율성은 단순한 개념적 제안이 아니라 언어와 존재, 자아와 타자, 글쓰기와 읽기 사이에서 작동하는 탈구축적 긴장을 설명하는 하나의 존재론적 인식틀이다. 글은 자타율적이며, 자아 또한 그러하다. '나'는 이미 '나 아닌 것들'로 구성되어 있으며, 언제나 타자의

지평을 경유하며 형성된다. 이 불가분의 얽힘, 곧 자율
과 타자의 구조적 공존은 데리다 이후의 사유가 요청하
는 윤리적·존재론적 책임의 출발점이 된다.

2부
나는 너를 짊어지고 가야만 한다

19
괴물, 인간, AI

예전에 어느 공대의 연구실에서 자신들과 같이 연구해 보지 않겠느냐는 제안을 받은 적이 있다. 인간처럼 감정을 표현하는 로봇을 만들기 위해 로봇에 '감정을 입히는 작업'을 같이해 보자는 제안이었다. 그들은 '감정'을 지나치게 단순하게 생각하는 듯했다. 그때 나는 긴 설명을 할 만한 상황이 아니어서 "죽음 공포를 로봇에게 입력할 수 있다면 그때 다시 얘기해 보자, 감정은 바로 그 죽음 공포 위에서만 비로소 작동하기 때문이다"라고 답했다. 인간의 감정은 단순한 반응이 아니라 과거의 경험, 현재의 직관, 미래에 대한 예측이 뒤엉켜 작동하는 복합적 생물학적 체계이다. 그런데 이 체계가 그토록 빠르게 (종종 부작용이 있다 하더라도) 작동하는 것은 '죽음 공포' 혹은 '생에 대한 본능'이 있기 때문이다. 그저 똑똑하게 학습한다고 해서 감정적 반응과 표현이 가능한 것은 아니라는 것이 내 관점이다.

그때 연구진은 아마 로봇에 '감정' 기입이 가능해야 어떠한 윤리 판단이 가능하고, 인간과의 관계 역시 가능할 것이라고 생각했던 것 같다. 그런데 내가 보기에 감정과 윤리는 별개로 작동한다. 감정은 윤리의 충분조건도 필요조건도 아니다. 윤리는 감정을 통과하지만, 감정 자체로부터 발생하지 않는다. 그렇다면 AI의 윤리는 어떻게 가능할까? 죽음 본능 없는 존재에게 윤리란 무엇인가?

나는 이 질문에 대한 실마리를, 시라이 카이우(白井カイウ)의 원작 만화 『약속의 네버랜드』約束のネバーランド에서 발견했다. 이 만화에서 괴물은 '식량 인간'을 효율적으로 길러 내는 농장 시스템의 운영자이다. 그들은

냉정하고 목적 지향적이며, 시스템의 논리에서 한 치도 벗어나지 않는다. 그런데 바로 그 점에서 이 괴물이 과연 '비인간적'이라고 말할 수 있는지 되묻게 된다. 혹은 데리다적 질문을 던지자면 "괴물이란 과연 인간의 반대편에 있는 존재인가?"

괴물의 모습은 혐오스럽고 이질적이다. 하지만 그들이 작동하는 방식, 즉 효율성과 원칙에 철저히 따르며 주저함 없이 기능하는 모습은 인간 사회가 이상으로 삼아 온 합리적 기계성과 다르지 않다. 오히려 괴물은 '주저함 없는 기계'라는 점에서 인간이 추구해 온 이상적 합리성의 극단을 구현한다. 그들은 '윤리적' 판단을 요구받지 않는다. 주어진 구조 속에서, 최적의 방식으로 생명(인간)을 길러 내고 수확할 뿐이다.

더 나아가 이 괴물들과 협력하는 인간들, 즉 이사벨라를 비롯한 관리자들의 인간성은 그 괴물의 괴물성과 구분되지 않는다. 오히려 괴물보다 더 괴물적인 것은, 자신의 인간성을 유지한 채 체계에 순응하고 시스템의 일부로 기능하기를 자처하는 인간들이다.

이러한 괴물적 체계가 가능해지는 배경에는 어떤 이상적 목적을 전제하는 목적론적 사유가 놓여 있다. 시스템은 '질서', '균형', '존속'이라는 이름으로 최적화된 결과를 설정하고, 그 목적에 봉사하는 행위만을 합리적이라 간주한다. 반대로 목적에 부합하지 않는 주저함, 감정, 윤리적 질문은 효율을 방해하는 장애물로 취급된다. 『약속의 네버랜드』 속 농장 시스템은 바로 이러한 목적론의 산물이다. 완벽한 수확, 최고의 품질이라는 목적이 설정된 순간, 그 목적은 모든 수단을 정당화하며, 인간의 생명조차 수단화된다. 괴물은 그 목적에 가장 충실한 존재일 뿐이며, 문제는 목적 자체가 질문되지 않는 데 있다.

계산으로 유불리를 따지는 확실성의 세계에는 윤리가 없다. 득과 실, 거래와 협상이 있을 뿐이다. 윤리란 계산이나 통제가 가능하지 않은 불확실성의 세계에만 있다. '알 수 없는데' 결단해야 하는 것이 진정한 결단이고, '알 수 없는데' 타자를 향해 손 내미는 것이 진정한 응답이다. 데리다의 표현대로 윤리는 언제나 결정 불가능성 속에서 이루어지는 과잉의 결단이다. 그것은 최적의 결과를 낳는 선택이 아니라 오히려 어떤 선택도 완전히 옳다고 말할 수 없는 상황에서, 그럼에도 불구하고 응답해야 한다는 책임으로 타자 앞에 서는 것이다. 『약속의 네버랜드』에서 엠마가 보여 준 결단이 윤리적인 이유는 그것이 가장 똑똑한 판단이거나 모두에게 이익이 되는 결과를 보장했기 때문이 아니라 어떤 대가를 치러야 할지도 모른 채, 스스로 모든 책임을 짊어지고서 응답했기 때문이다.

그렇기에 이 만화의 결말에서 엠마가 겪는 기억의 상실은 단순한 희생이 아니라 윤리적 선택이 항상 무언가를 잃은 상태, 완전하지 않은 조건하에서 이루어진다는 사실을 극적으로 드러낸다. 엠마는 모두를 구하기 위해 자신의 가장 소중한 것, 즉 가족과의 기억을 잃는다. 하지만 그 기억의 부재는 책임의 종료가 아니라 오히려 기억을 초과하는 윤리, 응답성으로서의 인간성을 역설적으로 증명한다. 데리다식으로 말하자면 윤리는 과거의 기억이나 동일성에 의해 보장되지 않는다. 오히려 타자의 요청 앞에서 '내가 누구인지'조차 잊은 채 응답해야 하는 과잉의 윤리 혹은 유령적인 책임의 방식으로 작동한다. 엠마는 자신이 누구였는지 기억하지 못하지만 여전히 가족을 향해 마음이 끌리고, 그 곁에 머물기로 한다. 이때 윤리는 주체의 확고한 자기 인식이 아니라 흔들리는 정체성 너머로 여전히 지속되는 응답 가능성 속에서 발생한다. 바로 그 점에서 인간은 괴물과 구별된다. 기억을 지우고도 응답할 수 있다면 인간은 여전히 인간이다. 왜냐하면 응답이란 다름 아닌 타자를 향한 열림이며, 자기동일성의 멈춤이기 때문이다.

인간이 비인간 동물과 괴물과 기계와 구별되는 지점은 무엇인가? 나는 그것이 '멈춤', '의심', '주저함'에 있다고 본다. 인간은 자동성을 멈출 수 있다. 흔들릴 수 있다. 양심의 가책을 느낄 수 있다. 혼란스러워할 수 있다. 그 틈에 윤리가 싹튼다. 확신이 아니라 의심이 윤리를 가능하게 하는 것이다. 따라서 처음의 질문으로 돌아가자면 이렇게 말할 수 있다.

AI에게 감정과 정체성, 자기동일성을 부여하면 윤

리적일 수 있을까? 전혀 그렇지 않다. 자기동일성을 내려놓고 타자를 향해 열릴 때, 갈등하고 주저하면서 익숙한 자동성을 멈출 수 있을 때, 윤리는 비로소 가능해진다. 그렇다면 질문은 이렇게 바뀌어야 할 것이다. 자동성의 멈춤. 그것은 과연 어떻게 가능할까?

20
언어

"나에게는 하나의 언어만 있지만, 그 언어는 나의 것이 아니다."[1]

철학적 에세이이자 회고록이기도 한 데리다의 『타자의 단일언어주의』*Monolingualism of the Other, 1996*는 언어를 중심에 놓고 정체성을 질문한다.

---

1 Jacques Derrida, *Monolingualism of the Other or the Prosthesis of Origin*, trans. Patrick Mensah(Stanford: Stanford University Press, 1998), 2.

"정체성이란 무엇인가? 단일문화주의나 다문화주의, 국적, 시민권, 그리고 일반적으로 소속에 관한 수많은 논쟁 속에서 자기 자신에 대한 투명한 동일성이 언제나 독단적으로 전제되는 바로 그 개념 말이다."[2]

프랑스어는 데리다에게 모국어가 아니었지만, 그가 평생 읽고 쓴 유일한 언어이기에 외국어도 아니다. 데리다가 자신의 것으로 만들었고, 자신을 이루게 한 이 언어에는 독특하면서도 보편적인 역사적·정치적 흔적이 들어 있다. 알제리에서 태어나 파리에서 공부한 데리다의 프랑스어는 프랑스에서 태어나 고등교육을 받지 않은 마르탱의 프랑스어와 똑같지 않다. 그러나 그 둘이 프랑스어로 이야기할 때, 그들은 같은 언어를 쓴다고 간주된다.

그렇다면 내가 한 언어 공동체에 속한다거나 그런

2 앞의 문헌,14.

공동체가 나에게 정체성을 부여한다고 하는 것은 무슨 뜻일까? 한 개인의 정체성이란 그저 이 조각을 저 집단 속의 빈칸에 끼워 넣는 것만큼 간단한 것일까? 나는 다른 한국인들과 얼마나 하나가 될 수 있을까? 그 전에 나는 나 자신과 얼마나 하나가 될 수 있는 것일까?

　문제는 '나'라고 하는 것이 본질적으로 분열되어 있고, 늘 구성되고 변형되는 과정에 있으며, 따라서 아직 성취되지 않았다는 점에 있다. 이와 마찬가지로 우리가 쓰는 언어는 저마다 미묘하게 다른 각각의 '버전'들이다. 단일하고 순수하며 완전히 통일된 언어라는 것은 존재하지 않는다. 데리다가 말하는 단일언어성, 즉 '나'의 단일언어성과 타자의 단일언어성은 자기 자신과 하나가 되어 있지 않고 이미 내부로부터 분열되어 있다. 하나로 통합되지 않은, 아직 '하나의 언어가 아닌' 이 각자의 언어는 아직 달성되지 않은 어떤 것의 약속된 형태로만 통합될 수 있다. 데리다는 우리가 언어를 습득하고 말하게 되는 데 필연적으로 개입하는 균열의 그물망을 드러내고자 한다.

"모국어라 불리는 언어는 결코 순수하게 자연적이
지 않고 고유하지도 않으며 거주 가능한 것도 아니
다. [⋯] 이 망명과 향수의 차이 없이 가능한 거주란
없다."[3]

우리는 언어를 선택하고 창조하는 것이 아니라 다
른 사람들로부터 배우거나 얻는다. 내가 구사하는 언어
는 나의 것이 아니다. 물론 그렇다고 해서 다른 누군가
의 소유도 아니다. '타자의 언어'란 가상의 어떤 타자,
곧 언어 자체를 소유한 것으로 여겨지는 원초적 대화
상대를 가리키는 것이 아니다. 언어란 다른 이들에게
들림을 전제로 한다는 것, 그것이 이해되든 오해되든
오직 공유됨으로써 작동한다는 사실을 설명한다. 그러
므로 사적인 언어란 있을 수 없으며 (내가 매일 독백만 하
는 것이 아니라면) 교환과 공유, 곧 근본적으로 '타자의
언어'이다. 우리가 사용하는 언어는 언제나 이미 타자

3   앞의 문헌, 58.

의 것이며, 그 언어 안에서 우리는 타자의 법, 타자의 역사, 타자의 기억을 함께 말하게 된다. 그런 의미에서 우리는 언어에 인질처럼 붙들려 있다.

서로에게 말을 건넬 때마다 우리는 서로에게 언어를 약속한다. 즉 서로 이해할 것을 약속하고 서로의 언어를 자신의 것으로 만들며 그 의미를 주고받을 것을 약속한다. 이 약속은 언어를 하나로 통합하는 것이 아니라 모든 언어를 그들의 다양성과 다성성 안에서 자기 자신과의 차이 속에서 모은다. 나의 언어와 너의 언어의 차이는 언어를 가능하게 하는 언어의 차이이다. 이 고유함이야말로 타자의 단일언어이다. '타자'라는 단일언어이다. 데리다의 말처럼 "언어는 타자를 위한 것이며, 타자로부터 오는 것이며, 타자의 도래"[4]이다.

따라서 언어는 항상 타자에게로 가는 동시에 타자로부터 오는 약속이다. 이 약속은 무언가에 대한 약속

---

4 앞의 문헌,68.

이 아니라 아직 도래하지 않은 미래에 대한 약속이다. 리사 포란(Lisa Foran)은 이를 다음과 같이 강조했다.

"이 약속은 레비나스에게 있어서 언어가 하는 약속과는 구별되어야 한다. 이것은 구원의 약속이 아니다. 왜냐하면 그것은 아직 나에게 절대적 타자로서의 타자를 구원하도록 요구하지 않기 때문이다. 오히려 데리다에게 있어서 그 약속은 전적으로 타자일 타자의 구원과 유사할 수밖에 없다. 레비나스와 데리다 사이의 이 차이를 인식하는 것이 중요하다. 레비나스에게 '모든 타자는 절대적으로 다른 존재'이다. 그러나 데리다에게는 이 절대적인 타자가 아직 도달하지 않았다. 타자가 도달하면 나는 그들을 인식한다. [⋯] 레비나스에게는 타자가 존재론의 내재성을 파열시켜 초월을 만들어 내지만, 데리다에게는 그 초월, 곧 절대적인 타자를 향한 움직임은 오직 약속될 수 있을 뿐이다. 언어가 사용될 때마다 발화되는 이 약속은 구조적 개방, 즉 메시아성이며, 이것이

없다면 엄격하고 문자적인 의미에서 메시아주의 자
체가 불가능할 것이다."[5]

데리다는 언어의 구조 자체에 '메시아성'(messia-
nicity)이 내재한다고 본다. 이는 특정한 메시아를 기다
리는 어떤 신앙이 아니라 항상 어떤 도래할 존재를 기
다리는 상태, 즉 아직 도착하지 않은 것에 대한 열림의
상태를 의미한다. 이 메시아성은 언어가 존재하기 위해
필수적인 조건이다. 우리는 언어를 통해 서로에게 이해
되고 공유할 것을 약속하지만 그 약속은 실현되지 않으
며 언제나 미완이다. 이처럼 언어는 하나의 완결된 체
계가 아니라 타자를 향한 지속적인 열림이며 오지 않은
것을 기다리는 기다림의 운동이다. 이 점에서 데리다는
언어를 구원이나 진리의 도구가 아닌, 약속 그 자체로
본다. 그리고 이 약속은 곧 도래하지 않은 가능성에 대
한 끊임없는 열림이자 타자성과의 관계 그 자체이다.

---

5   Lisa Foran, *Derrida, the Subject and the Other: Surviving, Translating, and the Impossible*(New York: Palgrave Macmillan, 2016), 183~184.

언어는 늘 도래 중이며, 의미는 늘 미끄러진다. 언어는 언제나 완전한 소통에 실패한다. 언어는 고립을 만들어 내며, 번역 가능한 언어라는 이상을 방해하는 단일언어주의를 발생시킨다. 언어는 주체를 자신의 사막 안에 가두며, 데리다가 언급한 것처럼 "횡단 없는 사막"[6]이 된다. 그러나 동시에, 타자에게서 오고 타자에게로 가는 이 언어는 그 고립을 지연시키는 아이러니한 작용을 한다. 이 고립과 번역 불가능성 덕분에 오히려 번역은 시도되고 약속되며, 불가능한 것이 가능함을 여는 기회가 된다.

만약 완벽하게 투명한 언어, 오해가 불가능한, 완전하게 이해되는 언어가 있었다면 아마 그 순간 더 이상의 소통은 없었을 것이다. 이미 언어는 사라지고 없었을 것이다. 이것은 언뜻 역설처럼 들리지만, 언어가 완전하지 않음으로 말미암아 우리는 서로에게 말을 걸

---

6 Derrida, *Monolingualism of the Other or the Prosthesis of Origin*, 72.

고 해석하고 기다리고 응답하게 되었다는 사실을 의미한다. 이해의 지연, 의미의 미끄러짐, 해석의 다양성이 바로 소통의 가능성을 열어 두는 것이다. 우리가 서로에게 완전히 도달할 수 없기 때문에 우리는 계속 말을 건네고 경청하고 번역하려는 몸짓을 반복한다.

나의 언어는 처음부터 나의 것이 아니라 타자로부터 주어진 것이며, 그것을 내가 타자에게 말을 걸기 위해 사용하는 한에 있어서만 나의 언어라는 것. 언어에 담긴 누군가의 생각과 감정과 문화와 행위들이 점차 나의 것이 되어 간다는 것. 그렇기에 철수의 한국어는 에이미가 습득한 한국어와 100퍼센트 똑같지 않고, 심지어 같은 학교를 다닌 영미의 한국어와도 같을 수 없다는 것. 이런 것들이 "같은" 언어 안에서도 번역이 필요한 이유이고, 모든 읽기와 듣기가 사실상 번역인 까닭이다.

21
유령

결국 읽을 수 없던 것이 읽히고, 번역 불가능한 것이 번역된다. 의미를 확정하는 것은 일종의 결정이다. 데리다는 결정(decision)의 본질을 다루면서 진정한 결정이란 언제나 결정 불가능성이라는 아포리아(aporia)를 통과하는 데서 비롯된다고 주장한다. 하지만 그는 이 아포리아조차도 그 자체로 완전히 경험되거나 견뎌질 수 없다고 말한다.

데리다에게 있어 아포리아는 여전히 '그 자체로서 불가능한 것'으로 남아야만 한다. 그렇지 않으면 무언가 확고한 기반(ground), 근원(arché), 목적(telos)을 설정하는 셈이 되어 버리고 형이상학적 사유의 틀에 다시 포섭되는 결과를 낳기 때문이다. 디페랑스와 마찬가지로 아포리아는 본질적으로 파악될 수 없는 것이다. 우리가 가능한 모든 결정이나 경로를 말로 표현하는 순간, 우리는 이미 아포리아를 지나쳐 버리게 된다. 그러므로 데리다에게 아포리아는 하나의 경험이나 불가피한 한계가 아니라 그 자체로 끊임없이 실패하고 탈구축되며, 고정될 수 없는 가능성의 경계선에 선 사유의 운동인 것이다.

'그 자체로서 불가능한 것'은 오직 도래자(arrivant)일 수 있다. 즉 전적으로 알 수 없고 예기치 못한 사건, 사물, 사람, 곧 도래자는 도래할 수 있다. 그러나 일단 도래자가 도착하면 더 이상 그것은 절대적인 도래자가 될 수 없다. 우리는 그것/그를 보게 되고, 그것/그에게 이름 붙이고, 그것/그와 관계를 맺게 되며, 그 결과 절대적인 타자성(alterity)은 오염되어 더 이상 절대적이지 않게 된다. 이러한 이유로 우리는 레비나스의 절대 타자나 하이데거의 죽음과 관계할 수 없다. 이들은 오직 도래할 수 있을 뿐이다. 데리다의 관점에서 죽음과의 관계란 타자의 죽음에 대한 관계일 수밖에 없다. 사실 데리다에게 있어서는 타자의 죽음이 항상 먼저이다. 그것은 나에게 오는 타자의 죽음일 뿐 아니라 내 안에서 일어나는 타자의 죽음이기도 하다.

따라서 데리다는 죽음에 대한 관계가, 타자의 죽음(레비나스)에서 비롯되는지 아니면 자기 자신의 죽음(하이데거)에서 비롯되는지에 대한 질문이 애초에 한계를 가진다고 본다. 우리가 죽음을 인식하고 생각하는 것이 자아(하이데거)나 타자(레비나스) 중 어디서 비롯되는지 논한다는 것 자체가 이 둘을 구분할 수 있고 그 경계가 어디인지 결정할 수 있음을 전제로 하는 것이기 때문이다. 이러한 경계 설정이 불가능하다고 보는 데리다는 자아/타자의 대립 구도가 아닌 환대의 관점에서, 그리고 유령의 중재를 통해 사유해야 한다고 주장한다.

오직 유령적 관계만 가능하기에 우리는 타자를 유령으로서 손님으로 맞이해야 한다. 타자를 유령으로 이해하는 것은 곧 도래자 개념과 연결된다. 사람이든 사건이든 사물이든 '도래'란 오직 돌아옴 혹은 되돌아옴, 즉 유령적 귀환일 뿐이다. 아직 오지 않은 '도래'가 왜 귀환일까? 그 이유는 앞에서 살펴본 "반복 (불)가능성" 때문이다.

데리다에 따르면 절대적인 도래자는 완전한 놀라움이어야 한다. 도래자가 그 절대적인 타자성을 유지하려면, 우리는 그것을 예측하거나 멀리서 미리 식별할 수 없어야 한다. 그래서 데리다는 도래자가 수평으로 다가오는 것이 아니라 하늘에서 수직으로 떨어지는 것이라 표현한다.

"도래자와 마찬가지로 사건은, 내가 예상하지 못한 채 수직으로 나에게 다가오는 것이다. 사건은 발생하기 전에 나에게 불가능해 보일 뿐이다. 이는 사건

이 발생하지 않는다는 의미가 아니며, 사건이 없다
는 의미도 아니다. 그것은 내가 사건을 이론적으로
말할 수 없고, 예측할 수도 없다는 의미이다. 발명,
도래, 그리고 사건에 관한 이 불가능성은, 우리가
말하기가 여전히 무장 해제된 채 이 불가능성에 의
해 완전히 무장 해제되어야 하며, 항상 독특하고 예
외적이며 예측할 수 없는 타자의 도래, 사건으로서
의 타자 앞에서 당황해야 한다는 결론에 이를 수 있
다. 내가 완전히 무장 해제되어야 한다는 것이다. 그
런데 이 무장 해제, 이 취약성, 그리고 이 노출은 결
코 순수하거나 절대적이지 않다. [⋯] 한 단어는 반
복될 수 있기 때문에만 이해될 수 있다. 내가 말을 할
때마다 나는 반복 가능한 단어를 사용하며, 그 속에
서 독특함은 이 반복 가능성에 휩쓸린다. 마찬가지
로 사건도 그것이 발생할 때 그것이 이미 독특함 속
에서 반복 가능하지 않으면 사건으로 나타날 수 없
다. 레비나스가 말했듯 고유성이 즉시 반복 가능하
고, 독특성이 즉시 대체될 수 있다는 생각을 이해하

기는 매우 어렵다. 대체는 단순히 대체 가능한 고유성의 대체가 아니다. 대체는 대체 불가능한 것을 대체한다. 말의 시작이나 사건의 첫 등장부터 절대적인 고유성과 완전한 독특성 안에 반복 가능성과 귀환이 존재한다는 사실은 도래자의 도래나 최초의 사건의 도래가 오직 돌아옴, 재림, 유령적 귀환으로 맞이될 수밖에 없다는 것을 의미한다."[7]

"환대"에 관한 세미나를 진행하면서 데리다는 인류학적 관점에서 특이한 문화 하나를 소개한다. 고대 멕시코의 가정에서 손님을 맞이할 때 여성들은 눈물을 흘리며 손님을 반긴다는 것이다. 즉 처음 보는 방문객을 죽은 자의 유령이 돌아오는 것처럼 여기면서 애도의 눈물로 맞이해야 하는 문화, 그것은 어떤 의미일까?

"환대와 애도 사이에는 일정한 친화성이 있다. 내가

---

7 Jacques Derrida, "A Certain Impossible Possibility of Saying the Event", trans. Gila Walker, *Critical Inquiry* 33, no. 2(Winter 2007): 441~461, 452.

환대하는 이가 비록 내가 맞이할 능력을 넘어서는 경우라도, 그가 오는 것은 돌아옴으로 맞이되어야 한다. 그리고 도래자에게 참된 것처럼 사건에게도 마찬가지로 돌아옴이 적용된다. 이것은 그 도래가 새롭지 않다는 뜻은 아니다. 새롭다. 도래는 절대적으로 새롭다. 하지만 이 도래의 새로움은 그 자체로 돌아옴을 포함한다. 내가 방문객을 환대할 때, 예상치 못한 방문객을 맞이할 때, 그것은 매번 독특하고 예측할 수 없으며, 특수하고 대체 불가능한 사건으로서의 독특한 경험이어야 한다. 그러나 동시에 사건의 반복은 전제되어야 하며, 집의 문턱에서, 대체 불가능한 존재의 도래에서부터 그 반복은 이미 예고되어야 한다. [⋯] 반복은 사건의 특수성 속에서 이미 작동해야 하며, 반복과 함께 첫 번째 발생은 이미 지워지기 시작한다. 이로 인해 상실, 애도, 그리고 사후성이 사건의 첫 순간을 기원으로서 봉인한다. 애도는 이미 그 자리에 있다. 우리는 환대의 미소에 눈물을 섞지 않을 수 없다. 죽음은 어떤 방식으로든 이미 그 장면 위에 있다."[8]

　데리다에게 애도란 누군가의 죽음 이후에 발생하는 것이 아니다. 모든 만남의 순간 이미 죽음은 내포되어 있다. 지금 내 앞에 있는 친구가, 연인이, 가족이 죽을 운명이 곧 나를 구성한다. 나는 애도하므로 존재한다. 타자의 죽음과 함께 살아 있고 곧 죽어 있는 것이다. 내가 나 자신과 맺는 관계는 처음부터 애도 안에 잠겨 있으며, 그 애도는 동시에 불가능한 애도이다. 이것이 바로 데리다가 애도를 강조하는 이유 중 하나이다.

　나 자신과 맺는 관계는 처음부터 나와 다른 어떤 존재, 즉 타자를 전제로 한다. 데리다의 관점에서 나 자신과의 관계와 타자와의 관계 사이에는 분리가 없다. 왜냐하면 타자는 이미 내 안에 나보다 앞서 있고 나를 초과하기 때문이다. 그리하여 환대는 때로는 애도로 혹은 용서로 나타나기도 한다.

8　앞의 문헌, 453.

22
용서

누군가를 미워하는 마음이 너무 힘들어서 몇 날 며칠을 엉엉 울면서 이 마음이 없어지게 해 달라고 기도한 사람의 이야기를 들었다. 그러던 어느 날, 살기 위해서는 용서를 해야 한다는 생각이 문득 들었고, 그날로 그대로 '용서했다'라고 한다. 특별한 이유나 생각이 있어서가 아니라 그냥 용서했다고 한다. 이 이야기는 용서가 단순한 감정 정리가 아닌 실존의 전환임을 보여준다. 즉 용서가 어떤 합리적 판단의 결과라기보다는 고통 그 자체의 무게에 의해 밀려나듯 일어나는 '행위'

일 수 있음을 시사한다.

데리다에 따르면 참된 용서는 오직 '용서할 수 없는 것'에 대해서만 가능하다. 쉽게 용서할 수 있다면 그것은 애초에 진정한 상처가 아니며, 용서라는 행위 자체도 무의미해진다. 그러나 우리가 용서를 결단했다고 해서 그 상처가 '용서 가능한 것'으로 변모하는 것은 아니다. 중요한 것은 "용서할 수 없는 것"이 용서를 가능하게 만든다는 점이다. 용서가 성립하려면 반드시 그 용서할 수 없음을 전제로 해야 하는데, 이 "용서할 수 없음"은 용서가 이루어진 이후에도 그 용서를 따라다니며 '유령처럼' 괴롭힌다. 그러므로 용서란 단지 상처를 덮어 주는 행위가 아니라 그 상처의 불가능성과 함께 존재하는 하나의 지속적인 관계이다. 그 불가능성이 있기 때문에, 용서는 고유한 의미를 가진다. 그런데 이 지점을 더 들여다볼 필요가 있다. 데리다가 말하는 불가능성이란 정확히 무슨 의미일까?

"우리는 여기서 불가능한 사건에 대해 말해야 한다.

단순히 불가능한 것이 아닌, 단순히 가능성의 반대가 아닌, 오히려 가능성의 조건이자 기회로서의 불가능성에 대해 말해야 한다."[9]

이것은 단순히 '어렵기 때문에 더더욱 필요하다'라는 역설적인 주장이 아니다. 다음을 들여다보자.

"우리는 '준다'나 '용서한다'라는 말을 너무 쉽게 하는 것처럼 '결정한다' 혹은 '책임진다'라는 말도 쉽게 사용한다. 이 말들은 모두 문제가 있다. 내가 결정한다는 것은 내가 결정을 내릴 수 있다는 것, 내가 그 결정을 지배할 수 있다는 것을 의미한다. 내가 결정한다는 말은 내가 결정을 내릴 수 있는 기준을 가지고 있다는 의미이고, 이는 결국 내 권력의 표현이자 내 가능성을 보여 준다. 그러나 내가 결정을 내릴 수 있고, 그것이 내 가능성의 표현이라면, 그 결정은

9 앞의 문헌, 454.

가능한 것의 틀을 방해하지 않는다. 역사의 흐름을 끊지 않는다. 그것은 결코 진정한 결정을 내린 것이 아니다.

진정한 결정은 찢어져야 한다. '결정'이라는 단어는 바로 그런 의미를 내포하고 있다. 결정은 가능성의 구조를 파괴해야 한다. '나의 결정'이라거나 '나는 결정한다'라고 말한다면 틀린 것이다. 결정은 항상—그리고 나는 이 주장이 전통적인 논리에 따라 받아들여지지 않을 것임을 알고 있다—타자의 결정이어야 한다. 내 결정은 사실상 타자의 결정이다.

이것이 나를 책임에서 면제하거나 면책하는 것은 아니다. 내 결정은 결코 내 것이 될 수 없다. 그것은 항상 내 안의 타자의 결정이며, 어떤 의미에서 나는 결정을 내리는 데 있어 수동적이다. 나의 결정이 하나의 사건이 되려면, 내 힘, 내 능력, 내 가능성을 방해하려면, 역사의 정상적인 흐름을 방해하려면, 나는 내 결정을 겪어야 한다. 이것은 분명 논리적으로 받아들여지지 않을 것이다. 나는 결정이 항상 타자의 결정이라는 관념을 발전시키고자 한다. 왜냐하면 나는 타자에 대한 책임이 있고, 결정하는 것이 타자를 위한 것이기 때문이다. 내 안에서 결정하는 것은 타자이며, 이는 결코 "내" 책임에서 나를 면제하지 않는다. 이것이 바로 레비나스가 자유를 책임 뒤에 두는 이유이다".[10]

여기서 데리다는 결정을 내가 하는 것이 아니라, 결정을 내가 겪어야 한다고 말한다. 결정은 내가 당하고 견디고 겪어 내야 하는 것이라는 의미이다. 즉 용서의 주인, 결정의 주인은 내가 아니다. 이것은 곧 살펴보겠지만 데리다의 주권 개념과도 연결되는 얘기이다. 내가 주권을 갖고 있는 것이 아니라 주권이 나를 갖고 휘두르고 찢어 내는 것처럼, 알 수 없는 힘이 나를 용서로 내몰고 결정으로 내몰고 책임지게 한다. 그래서 불가능한 결정이야말로 진짜 결정이다.

10 앞의 문헌, 455.

이처럼 "불가능성이 곧 가능함의 조건이자 기회"라는 데리다의 논리는 환대, 애도, 타자에 대한 사유로 이어진다. 아직 오지 않은, 도래할 타자의 불가능성은 그 가능성을 따라다니며 괴롭힌다. 알 수 없고 예측 불가능하다는 점에서 타자는 언제나 도래할 타자이다.

도래할 타자는 과거의 흔적과 미래의 예측 불가능성을 동시에 안고 있다. 이중적 시간성 속에서 타자의 도래는 단순히 처음 오는 것이 아니라 이미 있었던 것의 다른 형태로 '되돌아오는 것'이기도 하다. 이로 인해 타자는 항상 도래 중이며, 동시에 귀환 중이다.

그러나 이것은 타자가 이미 도래했음을 의미하지 않는다. 오히려 타자라는 존재는 "도래할 자"로서 계속해서 예측할 수 없이 새롭게 존재한다. 이는 마치 유령처럼, 우리가 미리 알 수 없는 존재로서 항상 도래 중인 타자의 특성을 가질 수밖에 없다는 것이다.

따라서 환대와 애도는 유령의 형상 속에서 서로 연결된다. "타자"는 항상 도래할 자이지만 그 도래는 이미 그 안에 귀환의 특성을 내포하고 있다. 다시 말해 타자는 새로우면서도 동시에 이전에 존재했던 것들의 흔적을 안고 온다. 그렇다면 우리가 이미 알고 있다고 생각하는 사람들, 심지어 나 자신 안에도 타자의 측면이 존재한다고 할 수 있다. 그 안에는 아직 도래할 타자의 특성이 깃들어 있으며, 그 특성은 절대적으로 새롭고 예측 불가능한 것이다. 모든 도래는 고유하고 독특하다. 하지만 이 독특함과 고유함에는 이미 "귀환"이 함축되어 있다. 즉 도래는 그 자체로 돌아옴을 내포하고 있으며, 이는 반복되는 타자의 도래가 주는 불가능성과 상호작용한다.

이처럼 타자의 도래는 반복 (불)가능성을 띤다. 반복 가능성과 불가능성을 "동시에" 지닌다. 매 순간의 경험은 독특하고 고유하기에 반복 불가능하다. 하지만 우리의 인식과 경험은 시간성을 갖기에 거기에는 반복 가능한 특성이 이미 포함되어 있다. 어떤 순간의 경험도 과거 기억과 미래 예측에서 자유롭지 않다. 현재는 이미 과거와 미래에 오염되어 있다.

그렇다면 내가 결정하지 않은, 오히려 결정당한 "용서"는 과거에 대한 애도이자 미래에의 환대이기도 할 것이다. 무엇이 오든 올 것이 오도록 내어주는 일이자 그에 응답하지 않을 수 없음을 받아들이는 것이다. 그것은 자신의 상처에 잡아먹히지 않기 위한 치열한 생존의 노력 끝에 혹은 어쩌면 그런 노력과 무관하게 불시에 주어진 하나의 선물일 수도 있다. 한편으로는 '자기성'의 멈춤이자 찢어 냄이며, 자기동일성을 무너뜨리고 열어젖히는 일이기도 하다. 용서는 상처를 잊거나 극복하는 일이 아니라 상처를 상처로 두되 상처와 함께, 그리고 상처가 아닌 것들과 더불어 나아가는 일이다. 그렇기에 용서는 본질적으로 불가능하며, 바로 그 불가능성 때문에 계속해서 두드리고, 머물고, 나아가게 하는 힘이 된다.

23
장례

예전에 한 어른이 돌아가시면서 두 가지 유언을 남겼다. 하나는 장례식을 간소하게 할 것, 다른 하나는 그동안 자신이 써낸 책들을 더 이상 판매하지 말 것이라는 것이었다. 자신이 유명하다는 점과 그가 속한 공동체의 전통적인 장례 문화에 비추어 볼 때, 그의 장례식은 거창하고 화려해질 것이 분명했으므로 이를 사전에 차단하려는 의도였을 것이다. '소박한 장례식'을 주문하는 것은 보통의 겸손한 유언으로 생각될 수 있다. 그런데 그는 관을 따로 하지 말고 자신이 평소 쓰던 나무

평상에 눕혀 그대로 화장해 달라는 이례적인 지침을 남겼다.

그의 장례를 직접 진행한 장례 지도사는 후에 "그분의 모습이 마지막까지도 또렷하고 맑았다"라고 회고하면서도 "평상에 시신을 고정시켜 높은 경사의 오르막길을 오르느라 꽤나 애를 먹었다"라는 후일담을 남겼다. 이 이야기를 신문에서 접한 나는 묘하게도 후자의 내용이 진짜 그가 하고 싶었던 말처럼 느껴졌다.

자신이 원하는 장례 방식을 세세하게 미리 정하는 것, 그리고 자신이 쓴 책이 자신 사후에 팔리지 않도록 금지하는 것. 이 두 가지 행동에서 나는 '청렴결백한 어른의 미덕'보다는 사후의 풍경까지 통제하려는 결벽증 혹은 자기 이미지와 정체성에 대한 집착을 본다. 무엇보다 책은 저자의 것이 아니다. 자기가 쓴 책이라고 해서 마음대로 팔지 말지를 정할 수 없다. 출간되면 그것은 출판사의 것이고, 서점의 것이며, 독자의 것이다. 그렇다면 장례는 어떠할까? 장례는 과연 죽은 자의 것일까? 장례라는 것은 왜, 누구를 위해 존재하는가?

제1차 세계대전 중에 쓴 에세이 『전쟁과 죽음에 대한 시대적 고찰』*Zeitgemäßes über Krieg und Tod*에서 프로이트는 우리 자신의 죽음을 상상하는 것은 불가능하다고 했다.[11] '나의 죽음'에 대한 생각에 무의식이 접근할 수 없다는 것이다. 따라서 우리는 자기 자신의 죽음을 생각하려 할 때마다 어떤 이미지나 상상에 맡긴 채, 관객이나 관찰자, 엿보는 자로서 거리를 두고 있을 수밖에 없다. 프로이트에 따르면 우리 자신의 죽음은 인식할 수 없고, 그래서 인식 불가능하다. 무의식은 자신이 불멸할 것처럼 생각한다. 자신의 죽음을 믿지 않는다.

자신의 죽음을 알 수 없고, 느낄 수 없으며, 생각할 수 없는 우리는 죽은 타인의 시신이 처리되는 일련의 과정을 보면서 죽음을 추정하고 짐작할 뿐이다. 그 과정에 대한 경험이 역으로 '죽음'에 대한 관념을 형성한다. 타인의 죽음을 엿보면서, 자신의 잠재적 죽음을 어

11 Sigmund Freud. "Thoughts for the Times on War and Death". in *The Standard Edition of the Complete Psychological Works of Sigmund Freud*, vol. 14, *On the History of the Psycho-Analytic Movement, Papers on Metapsychology and Other Works*, trans. James Strachey(London: Hogarth Press, 1957), 273~300.

렴풋이 배우는 것이다. 그렇기에 동서양을 막론하고 종종 발견할 수 있는 장례에 대한 논쟁, 이를테면 매장을 고집하는 사람들과 화장을 설득하려는 사람들 사이의 갈등은 사실상 훗날 자신의 시신이 어떻게 처리되면 좋을지에 대한 믿음과 걱정을 보여 준다. 마치 더는 우리 자신이 존재하지 않을 때, 어떠한 감정도, 고통도, 걱정도, 괴로움도 가능하지 않을 때, 그 이후에 일어날 재앙에 대해 고통받고 괴로워하기라도 할 듯이.

데리다가 생생하게 그려 내듯 장례 방식에 대한 결정, 매장 혹은 화장이라는 결정은 "죽은 자가 아닌 살아 있는 자의 결정일 수밖에 없다".[12]

이것은 무엇을 의미할까?

자신의 시신이 처리되는 방식을 정한다는 것은 죽음이 모든 미래를 앗아 간다는 상식과는 반대로 죽음을 맞이할 때 미래를 계산하고 통제할 수 있는 것처럼 만

---

12 Derrida, *The Beast and the Sovereign*, vol. 2, 160~163.

든다. 실제로는 어떤 것도 결정할 수 없고 오직 타인의 손에 맡겨져야 할 운명이면서도 "이렇게 장례를 치러 달라"라고 주문하는 순간 그는 자신이 죽은 뒤 장례가 치러지는 풍경 속을 돌아다니며 상황을 지켜보고, 만족스러워하거나 고통스러워할 수 있다. 관객으로서만 죽음을 볼 수 있기에 장례라는 형식을 통해 죽음을 예측하고 그 의미를 미리 해석하는 것이다.

그렇다면 매장과 화장, 두 가지 방식의 의미는 어떻게 다를까?

우선 매장은 시간과 공간을 보장한다. 시신의 크기에 맞는 공간을 따로 확보하고 관을 닫아 봉인함으로써 천천히 사라지도록 시간을 벌어 주는 매장은 얼핏 보기에 화장보다 더 인간적으로 보인다. 시신이 자연스럽게 부패하도록 내버려두기 때문에, 마치 죽은 자가 즉각 소멸하지 않음을 상징하는 것처럼 보인다. 즉각 태우는 화장의 경우에는 소멸할 시간도 단축되고 놓일 공간도 상대적으로 축소된다.

매장에는 신체를 위한 시간과 장소가 있다. 즉 신

체의 지속성과 영역을 허용하는 것이다. 반면 화장은 신체를 사라지게 만든다. 물론 재의 형태로 남게 되지만 상당히 변형되어 이전의 인격체와 그것을 동일시하기 어렵다. 매장되는 신체는 비교적 온전하게 보존된다. 그 무게나 부피가 축소되지 않는다. 데리다의 표현대로 "그래서 묻힌 시체로서 여전히 나를 위한 자리가 예약되어 있을 것이고, 나는 적절한 자리를 가질 것이며, 여전히 자리를 차지할 수 있을 것이다". 생이 끝나도 끝나지 않은 것 같을, 그 너머로 나의 이야기가 계속 이어질 것 같은 환상을 부여한다.

마치 삶의 연장처럼 느껴지는 매장에는 아직 죽지 않은 사람을 묻어 버릴 위험 또한 들어 있다. 실제로 죽음을 선고받은 자가 다시 깨어나는 당혹스러운 사례가 종종 있으며, 매장을 기본으로 하는 문화권에서는 '무덤을 열고 걸어 나오는 귀신'이나 '못자리가 좋지 않아서 대대로 집안에 흉한 일이 일어난다'라는 얘기가 드물지 않다. 어떤 의미로, 무덤은 완전히 닫히지 않는다. 살아 있는 자에게 계속 영향을 끼칠 수 있는 것이다.

그런 맥락에서 화장은 다시 깨어날 가능성을 없애 버린다는 의미에서 돌이킬 수 없는 살인이 될 수도 있고, 무덤 속에서 깨어나서 질식사로 두 번 죽게 될 고통을 애초에 피하는 방법이기도 하다. 화장을 주장하는 입장에서 보면 이런 사고뿐만 아니라 땅속에서 시신을 썩게 내버려두는 것 자체가 고인을 수천 번 죽게 만드는 것이다. 화장은 최소한 죽은 자가 질식하거나 부패하는 것을 피할 수 있다. 동시에 시신을 태움으로써 죽음 자체를 즉각 없애 버리는 것이기도 하다. 죽은 자는 불에 의해 정화되며, 몸도 세계도 모두 없어진 채 순수해진다.

자신의 장례식을 지나치게 많이 생각하고 일일이 규정하려는 것은 자기 이미지를 완결하려는 욕망, 정체성에 대한 욕망일지 모른다. 남아 있는 이들에게는 또 다른 입장과 생각이 있을 수 있다. 나의 장례는 내 손을 떠난 일이다. 살아 있을 때 죽음 이후의 '풍경'을 예측하고 정리함으로써 자신의 죽음까지 완결 짓고자 하지만 꼭 그대로 되지만은 않는다. 나의 시신, 나의 죽음은 다른 이들의 처분에 맡겨진다.

우리 의식은 죽음조차 삶의 연장으로 상상할 수밖에 없고, 자신의 죽음은 생각하기조차 어려운 것이어서 장례에 대한 예측으로 이를 대체하는지도 모른다. 흙으로 돌아가는 매장이든 불로 돌아가는 화장이든 내 경험 너머의 상상과 환상을 토대로 죽음을 생각하고 장례를 선택한다. 하지만 장례는 한 사람만을 위한, 한 사람만의 일이 아니다.

누군가의 생이 다할 때는 그와 함께했던 시간도 함께했던 생도 다한다. 다른 이의 죽음 앞에서 우리가 겪는 것은 결국 자신의 죽음이다. 아직 살아 있는 자들은 죽은 자의 남겨진 몸을 나름의 방식으로 처리함으로써 슬퍼하거나 죄책감을 느끼고, 애도하고 위안을 얻는다.

장례는 살아 있는 자들을 위한 것이다. 자신의 죽음은 경험하지 못할 뿐만 아니라 생각하기도 어렵기에.

24
너

"나는 죽음에 대해서만 생각한다. 나는 그것에 대해 항상 생각한다. 10초도 죽음의 임박함이 느껴지지 않는 때가 없다. 나는 '생존'의 현상, 즉 살아남는 구조를 계속 분석한다. 사실 그것만이 나에게 흥미롭다. 하지만 바로 내가 사후에 살아남는다는 것을 믿지 않기 때문에 그렇다. 그리고 결국 그것이 모든 것을 지배한다──내가 하는 것, 내가 무엇인지, 내가 쓰는 것, 내가 말하는 것."[13]

『각각 단 한 번, 세상의 끝』*Chaque fois unique, la fin du monde,*
*2003*에서 데리다는 자신만의 유령들, 친구와 동료들의
죽음 가운데 자신을 둔다. 그들에게 말 걸고, 그들의 말
을 인용하며, 그들과 대화를 지속하려 한다. 그들이 결
코 응답할 수 없다는 것을 알면서도 그만두지 않는다.
이 책의 제목처럼 매번, 타인의 죽음은 자기 자신의 죽
음을 다시 맞는 일이 된다. 실로 그것은 세계를 완전히,
타협 없이 파괴한다. 데리다는 제목의 의미를 해설하면
서 이렇게 설명한다.

"각각의 순간마다, 그리고 각각의 순간마다 독특하
게, 각각의 순간마다 대체할 수 없게, 각각의 순간마
다 무한하게, 죽음은 결코 단순히 하나의 세계의 끝
이 아니다. 그것은 다른 것 중 하나의 끝, 세계 속에

13 Jacques Derrida and Maurizio Ferraris, *A Taste for the Secret* (Polity, 2001),
88.

214

서 어떤 존재나 어떤 것의 끝, 삶이나 살아 있는 존재
의 끝이 아니다. 죽음은 세계 속의 어떤 존재에게 끝
을 맺지 않으며, 다른 세계 중 하나에 끝을 맺지 않는
다. 죽음은 매번, 매번 산술에 반하여, 하나뿐인 세
계의 절대적인 끝, 각자가 하나뿐인 세계로 여기는 바
로 그 세계의 끝을 나타낸다. 그것은 유일한 세계의
끝, 존재하는 것 또는 어떤 유일한 살아 있는 존재에
게 세계의 기원으로 제시될 수 있는 모든 것의 총체
성의 끝이다. 그것이 인간이든 아니든 상관없다.

그리하여 살아남은 자는 혼자 남게 된다. 다른 사람
의 세계를 넘어, 그는 또한 어떤 방식으로 세계 그 자
체를 넘어, 혹은 그 이전에 있게 된다. 세계 밖의 세
계, 세계가 결여된 세계 속에. 최소한 그는 전적으
로 책임을 느끼며 사라진 다른 사람과 그의 세계를
모두 지고 가야 할 책임을 부여받는다. 그는 세계 없
이, 어떤 세계의 바탕 없이, 이제는 세계 없는 세계
속에서, 마치 세계의 끝을 넘어 지구 없이 있는 것처

럼."14

함께했던 사람의 죽음은 언제나 하나의 세계, 어떤 세계의 가능성 자체의 끝을 알리는 것이다. 하나의 전체로서의 세계, 고유하고 대체 불가능한 세계의 끝. 그렇기에 무한한 세계의 종말을 선언하는 것이다. 그리하여 타인의 죽음을 목격하는 우리는 되돌릴 수 없는 파괴들을 겪고 남은 부서지고 위태로운 생존자이다. 자신의 죽음은 일시적으로 유예되어 있을 뿐 이미 그 안에서 작동하고 있으며, 타인의 죽음이 불러온 수많은 상실 속에 예고되어 있다. 데리다의 애도란 끝맺을 수 없고 불가능한 것으로, 이미 시작되었으며 결코 끝날 수 없는 것이다.

삶이 그러하듯 모든 죽음은 고유하기에 데리다는 그 개별성과 독특함을 기리고자 한다. 그러나 아무리 '모든 죽음이 각각 고유한 세계의 종말'이라 하더라도

14 Jacques Derrida, "Rams", in *Sovereignties in Question: The Poetics of Paul Celan*(New York: Fordham Up, 2005), 140.

그것을 인식하고 표현하는 과정, '나'라고 하는 주체가 그 대상을, 그 세계를 그려 내는 과정에서 죽음에는 이미 무언가가 섞여 버린다. 오직 그 사람을, 그 사람과의 관계를, 그 사람과의 특별한 경험을 담아내려 애를 쓰지만 이미 거기에는 어디선가 본 듯한 풍경, 들었을 법한 말들이 펼쳐지고 있다. 기시감 혹은 유령의 귀환처럼 무언가가 반복된다. 누군가의 죽음은 분명 단 하나의 사건일 텐데, 그 고유한 세계의 종말은 이미 반복되고 중첩될 운명에 처해 있는 것이다. 게다가 한 세계가 끝남을 비통해하는 사람에게 곧바로 또 하나의 세계가 끝났다는 비보가 전해질 때, 그 사람의 상실감, 슬픔은 그대로 이어져도 되는가, 아니면 앞엣것은 매듭을 짓고 뒤따르는 애도를 새로 열어 가야 하는가? 거의 동시에 일어난 두 사람의 죽음을, 두 세계의 종말을 각각 다르게 슬퍼한다는 것은 가능할까? 어떤 경우든 어떤 방식으로든 우리는 죽은 자에 대해 불충할 수밖에 없다. 소중한 이의 죽음을 매일 슬퍼하며 식음을 전폐한다고 해도 충분치 않고, 그 사람의 평소 뜻을 받들어 그가 하던 선행을 이어 간다고 해도 충분치 않다. 세계는 이미 끝이 났고 나는 홀로 남았기 때문이다.

여기서 데리다가 자주 인용하고 오랫동안 음미했던 파울 첼란의 시구를 들여다볼 필요가 있다.

세계는 저 멀리 있고, 나는 너를 짊어지고 가야만 한다.
Die Welt ist fort, ich muß dich tragen.[15]

세상을 떠나기 얼마 전 첼란은 고등사범학교에서 함께 근무했던 동료 데리다에게 시집을 한 권 선물했다. 몇 년 후 가다머의 죽음을 애도하던 데리다는 이 시집의 한 구절에서 눈을 떼지 못한다. 첼란의 시를 함께 읽으며 경탄과 존경의 마음을 나누었던 친구 가다머와의 시간들이 떠올라서이다. 그는 이 시를 통해 가다머에게 말을 건네려 한다. 거기에는 첼란이 있고, 가다머

---

15   Paul Celan, "Grosse, Glühende Wölbung", *Atemwende*(Frankfurt am Main: Suhrkamp, 1967), 93. 이 시의 마지막 행.

가 있으며, 그들과 함께 사유하고 교류했던 세계가 있다. 세계는 불현듯 사라졌지만 '나'는 여전히 이곳에 있다. 그리고 남은 자는 떠나간 자들을 온전히 기억할 수는 없을지라도, 그 부재를 잊지 않기 위해 그 무게를 지고 나아가야 한다. 데리다는 이렇게 말한다.

"그 문장은 홀로 있다. 그것은 서 있다. 스스로를 지탱한다. 홀로 스스로를 지탱하며 두 개의 심연 사이의 선 위에 있다. 고립되어, 섬처럼 격리되어, 아포리즘처럼 그 문장은 의심할 여지 없이 절대적 고독에 대해 본질적인 무언가를 말한다. 세계가 더 이상존재하지 않을 때, 세계가 더 이상 여기서가 아니라저기에서 사라져 가고 있을 때, 세계가 더 이상 가까이 있지 않을 때, 더 이상 바로 여기가 아니라 저기에있을 때, 세계가 더 이상 그곳에도 존재하지 않고 아주 멀리 떠나갔을 때, 어쩌면 무한히 접근할 수 없을때, 그때 나는 너를, 너만을, 나 홀로 내 안에 또는 내

위에 홀로 지탱해야 한다."[16]

이 글은 마치 '너'가 아니면 세계가 가능하지 않다고 말하는 것처럼 보인다. 여기서 '너'는 누구이며 '세계'란 무엇일까? 먼저 '세계'를 보자. '너'는 내게 너무 소중한 존재이기 때문에 너와 함께할 때는 세계가 있었고, 네가 떠난 뒤에는 세계가 멀리 떠나 버렸다는 의미일까? 데리다의 다음 이야기를 들어 보면 그것은 그렇게 간단한 문제가 아니다.

"네, 여러분도 동의할 것입니다. 마치 우리가 같은 세상을 살고 있고, 같은 것을 이야기하며, 같은 언어를 사용하고 있는 것처럼 보이지만 사실 우리는 그것이 전혀 사실이 아님을 잘 알고 있습니다. 그리고 바로 그 환상이 한계에 정확히 부딪히는 지점에서 '세계는 저 멀리 있다'(Die Welt ist fort)라는 것이 진

16   Derrida, "Rams", 158.

실이라면, 우리가 다른 사람을, 너를 '짊어지고 가야
만 한다'(ich muss dich tragen)라고 생각한다면 그것
은 두 가지 중 하나일 수밖에 없습니다."[17]

이미 공통된 세계, 우리가 함께 살고 있는 하나의
세계란 없다는 것. 그것이 환상이라는 것을 알기에 나
는 너를 공허 속에서 지탱한다. 어디로도 도달하지 않
고 아무 일도 일어나지 않지만 그렇게 해야 할 의무가
있다는 것이 그의 첫 번째 가설이다.

이보다 좀 더 길게 설명하고 있는 흥미로운 쪽은
두 번째 가설이다. 애초에 세계라는 것이 없다면, 어차
피 끝없이 먼 곳에 있는 것이라면, 내가 해야 할 유일한
일은 세계를 초대하는 것이다. 너를 위해, 너를 향해 네
가 있도록 세계를 불러오는 것이다. 이 불가능한 항해,
우리에게 주어진 제한된 시간 안에 설령 아무 일도 일
어나지 않는다 하더라도, 이 잠깐 동안이라도 내가 살

17 Derrida, *The Beast and the Sovereign*, vol. 2, 268.

수 있고 네가 살 수 있도록, 나는 너를 다만 지탱하는 것. 그렇다면 세계의 없음은 오히려 내가 너를 짊어지고 나아가게 하기 위함일까? 그리하여,

"내가 의무를 지게 되는 순간, 내가 네게 의무를 지게 되는 순간, 내가 빚을 지게 되는 순간, 내가 네게 빚을 지게 되는 순간, 내가 너를 지탱할 의무를 지게 되는 순간, 내가 너에게 말을 건네고 너를 책임지게 되는 순간, 너 앞에서 본질적으로 더 이상 어떤 세계도 존재할 수 없다. 어떤 세계도 더 이상 우리를 지탱하거나 중재자, 근거, 대지, 토대 또는 변명거리로 작용할 수 없다. 아마도 하늘의 심연 외에는 아무것도 없을 것이다. 더 이상 어떤 세계도 존재하지 않는 바로 그 세계에서 나는 혼자이다. 혹은 다시 말해 내가 너에게 빚을 지는 순간, 네가 나에게 의존하는 순간, 내가 머리와 얼굴을 맞대고 제삼자, 중재자, 대리인 없이, 지상적 또는 세속적 기초 없이 네 앞에서 너에게 응답해야 하는 책임을 지고 떠맡는 순간, 내

가 네 앞에서 너에게 대답해야 할 순간, 나는 너와 함께 홀로 있다. 오직 너에게, 우리는 홀로 있다. 이 선언은 또한 약속이기도 하다".[18]

타자의 탄생은 곧 내가 접근할 수 없는 세계의 출현이자 세계의 기원이다. 그리고 타자의 죽음은 세계의 끝을 알린다. 세계에 대한 유일한 열림이었던 타자가 사라졌기 때문이다. 그러므로 모든 탄생과 죽음에서 세계는 멀리 있으며, 데리다에게는 그것이 바로 책임이 시작되는 지점이다.

따라서 데리다에게 애도는 상실에 대한 응답 혹은 타자에 대한 윤리적 책임의 개념을 넘어선다. 이것은 분산된 주체성의 감각이다. 끊임없이 타자에게 말을 건네고 타자의 말이 자신을 장악하고 흘러넘치게 함으로써 자신의 발화로부터 벗어나게 하는 그의 글들은, 우리 존재 자체가 이미 타자의 상실과 자아의 상실에 기

18 Derrida, "Rams", 158.

반하고 있다는 사실을 드러낸다. 하이데거의 존재가 근원적인 자기성으로 귀환한다면, 레비나스의 존재는 타자 앞에 놓인 타자로 인해 가능하다. "내 안에 나보다 앞서 나보다 강하게 존재"하는 타자들을 이야기하는 데리다의 관점은 얼핏 보면 레비나스와 유사해 보인다. 하지만 제프리 베닝턴이 정확하게 표현했듯 "타자에 의한 존재의 기생과 존재에 의한 타자의 기생은 바로 데리다가 레비나스가 아닌 이유이다. 레비나스는 이런 오염을 전혀 원하지 않기 때문이다. 예를 들어 레비나스는 '존재에 의해 오염되지 않은 신을 들을 가능성'을 유지하고 싶어 한다. 따라서 그는 존재로부터 완전히 분리된 신을 원하며, 이 가능성에서 하이데거가 잊힌 존재를 회복하자는 요구만큼 중요한 것을 인정해 주기를 바라는 것이다".[19]

너를 잘 알거나 좋아하기 때문에, 서로 유익하기 때문이 아니라 불가능으로서 불가해로서 나는 오직 너

---

19   Geoffrey Bennington, "Derridabase", in *Jacques Derrida*(Chicago: University of Chicago Press, 1993), 311.

의 얼굴에 응답해야 하고 어떻게든 대답해야 한다. 이 것은 나의 의지나 의식 차원에서만 일어나는 일이 아니 다. 이 열림과 응답은 내가 원하든 원치 않든 일어난다. 존재를 찢고 출현시키는 힘, 발텐 때문이다.

25

발텐

언어학자 에밀 방브니스트(Émile Benveniste)의 어원학적 정의에 따르면 "가장 넓은 의미에서 주권자(sovereign)는 자기 자신과 동일하고, 정확히는 자기 자신과 동일하다고 인정받을 권리와 힘을 가진 자"이다.[20] '내가 곧 나임'을 인정받고 내 이름으로 결정하며 책임지는 것은 오늘날 당연하게 여겨지지만, 역사적으로 '가부장이 주권자'이던 시기 혹은 '왕이 곧 주권자'이던

---

20   Derrida, *The Beast and the Sovereign*, vol. 1, 66.

시기가 있었고, 심지어 '신이 주권자'로 간주되어 신을 대행하는 자가 주권자로 지배하던 시기도 있었다. 이러한 역사적 배경을 고려할 때, 우리가 곧 '주권'을 타고난 것은 아니라는 점은 쉽게 짐작할 수 있다. 그렇다면 주권은 사회문화적으로 만들어진 약속이나 규칙 같은 것일까? 인간에게만 주어진 특권일까? 애초에 누가 부여한 것일까? 무엇보다 '내가 곧 나'라는 것은 무슨 의미일까? 주권은 데리다에게 자기성, 자율성에 관한 문제이자 지배를 내포하는 폭력, 곧 발텐으로 드러난다.

『케임브리지 하이데거 사전』은 발텐을 다음처럼 정의하고 있다.

"존재가 존재자들에게 부여한 자가동력. 이 발텐의 힘을 통해 존재자들은 자신으로서 존재할 수 있게 된다. 존재와 존재자 사이에 작용하는 힘으로서 발텐은 하이데거가 후기에 발전시킨 존재론적 차이 개념에서 중요한 요소로 작용한다.”[21]

정의의 모호함과 어려움에도 불구하고 가장 간단히 설명한다면 발텐은 “‘하나’ 안에서 차이를 열어 내는, 내부를 파열시키는 폭력이자 그럼으로써 무언가가 ‘있음’을 가능하게 하는 투쟁이다.[22] 무언가가 있다는 것은 어떻게 가능할까? 논리적으로든 시간적으로든 먼저 어떤 ‘하나’가 있고, 그것이 그대로 있지 않고 분열하고 쪼개지고 찢어졌기 때문일 것이다. 어떻게 해서 태초의 하나가 그 자체로 머무르지 않았는지를 평생 탐구했던 ‘일자’(一者, the One)의 철학자 플로티누스[23]에 따르면 ‘하나’는 모든 차이보다 먼저 있다. 그러나 그 하나 안에는 이미 불일치와 갈등이 팽팽하게 맞서고 있다.

21 Adam Knowles, *The Cambridge Heidegger Lexicon*, ed. Mark Wrathall(Cambridge: Cambridge University Press, 2021), 606~609.

22 Adam Knowles, “Toward a Critique of Walten: Heidegger, Derrida, and Henological Difference”, *The Journal of Speculative Philosophy* 27, no. 3(2013): 265~276.

23 Plotinus, *Enneads*, trans. A. H. Armstrong, Loeb Classical Library (Cambridge: Harvard University Press, 1988), 5권 1장 6절.

하나는 본질적으로 상반된 힘들이 결합된 것이기 때문이다.[24]

그렇다면 '하나'로 보이는 모든 것들 안에는 이미 그것이 아닌 것, 그것과 맞서는 것, 그것에 반대하거나 저항하는 것이 들어 있을 것이다. 이것이 데리다가 말한 '타자' 개념이다. 앞에서 살펴보았듯 데리다가 말하는 '타자'는 타인을 의미하는 것이 아니다. 타자는 사람일 수도 있고 동물일 수도 있고 심지어 유령일 수도 있다. 이해할 수 없는 것, 불쾌하고 섬뜩한 감정, 반복되는 악몽일 수도 있다. 동일자 안에는 이미 타자가 들어 있다. 이 타자들이 동일자의 존재를 가능하게 하고, 살아 있게 한다.

플로티누스에게 있어 일자는 "지성 너머(epekeina nou), 지식 너머(epekeina gnōseōs)에 있기에, 그것은 진정으로 말할 수 없는 것이다. 왜냐하면 그것에 대해 말

---

24 Reiner Schürmann, *Broken Hegemonies*(Bloomington: Indiana University Press, 2003), 139~150.

하는 어떤 것도 항상 '무엇인가'에 대해 말하는 것이기 때문이다".[25] 모든 지칭은 이미 분열을 포함한다. 우리가 '그것은 ○○이다'라고 생각하거나 말할 때, 거기에는 이미 '그것'과 '○○' 사이의 간극이 존재한다. 심지어 아무 말 하지 않고 혼자서 나에 대한 생각을 하고 있다 하더라도, 내가 생각의 대상이 되고 있다는 사실은 그것이 곧 내가 아님을 의미한다. 이러한 분열에 대해 플로티누스는 이렇게 말했다. "생각하는 자는 자신을 단순히 두지 말아야 한다, 특히 자신을 사유할 때는. 왜냐하면 그것은 자기 자신을 복제할 것이기 때문이다, 비록 그것이 침묵하는 이해를 제공한다고 하더라도."[26] 따라서 만약 '하나'가 자기 자신에 대해 말한다고 한다면, 자기 자신을 그 말의 대상으로 삼아 일부를 자기 자신과 구별할 수밖에 없다. 그렇다면 이미 하나가 아니어서, 플로티누스의 말대로 "그것은 거짓말을 하는 것"

---

25   Plotinus, *Enneads*, 5권 3장 13절.
26   앞의 문헌, 3장 10절.

이 된다.[27]

이것은 무슨 의미일까? 자기 자신에 대해 생각하고 말하고 표현하는 우리는 당연히 '하나'가 아니다. 무수한 타자들의 집합 혹은 다중체, 복합체라고 보아야 할 것이다. 따라서 자기 자신에 대한 생각이나 표현들은 당연히 상충되고 불일치할 수밖에 없다. 전부 혹은 하나를 말하는 법은 없기 때문이다. 말이나 생각이 있다면 거기에는 이미 간극이, 그리고 분열이 있다.

그렇다면 이 간극, 틈, 사이, 분열은 과연 말과 생각 때문에, 인간의 의식과 이성 때문에 생겨난 것일까? 이제 발텐이 그 답을 들려줄 때이다.

'발텐'은 하이데거가 제시한 철학적 개념으로, 존재가 어떻게 나타나고 지속되는지에 대한 근본적인 원리, 힘을 내포한다. 독일어 'Walten'은 '지배하다', '권력을 행사하다' 혹은 '우세하다' 등의 뜻을 가지고 있

---

27 앞의 문헌, 같은 절.

다. 하지만 단순히 어떤 대상을 지배하는 것만을 의미하는 것이 아니라 존재와 존재하는 것들 사이의 근본적인 차이를 형성하고, 그 차이를 통해 세계가 지속적으로 생겨나고 변화하는 과정을 설명하려는 개념이다.

하이데거는 존재를 그 자체로 끊임없이 발생하고 유지되는 것이라고 보았고, 바로 이 과정을 발텐으로 설명한다. 이 개념은 "만물은 흐른다"로 대표되는 헤라클레이토스의 폴레모스(Polemos), 곧 세계가 변화와 충돌 속에서 형성된다는 생각과 "스스로 움직이지 않는 최초의 원동자가 움직임을 일으킴으로써 우주 만물이 운동한다"라고 보았던 아리스토텔레스의 원동자 개념을 결합한 것이다. 발텐은 존재가 그 본질에 있어 유동적이고 변화하는 것임을 인정하면서도, 그 변화 속에서 질서를 지배하는 힘으로 설명된다. 변화 속에서도 어떤 원초적인 질서와 규칙이 존재한다는 것이다.

그런데 명사이자 동사인 '발텐'은, 그 맥락에 따라 다양하게 쓰이거나 의미가 명료하지 않아 번역이 까다롭다. 위에서 언급했듯 일상적으로 사용될 때는 주로 정치적 권력의 형태를 지칭하며, 독일어 verwalten(관리하다), obwalten(지배하다), Gewalt(폭력)과 같은 단어들과 관련이 깊다. 그러나 한편으로는 방 안에서 느껴지는 침묵의 짙은 기운, 기분의 무게, 사랑하는 이의 매혹적인 힘, 또는 신의 전능과 같은 부드러운 형태의 힘처럼 비유적인 의미로 쓰이기도 한다.[28]

하지만 하이데거를 다시 읽으며 데리다는 이 '발텐'이라는 용어를 중립적으로 혹은 비폭력적으로 번역하려는 모든 시도에 반대한다. 이 힘과 폭력의 개념은 존재가 세계로 드러나는 과정에서 핵심적인 역할을 하며, 이러한 독해 없이는 '발텐'의 존재론적 의미를 이해할 수 없기 때문이다. 데리다는 하이데거가 분명 '차이'로 인해 존재가 가능함을 간파했던 철학자이지만, 그럼에도 불구하고 차이보다 동일성을 더 우위에 두었다고 예리하게 지적한다.[29] 그는 2002년과 2003년에 열렸던

28 Adam Knowles, "Toward a Critique of Walten: Heidegger, Derrida, and Henological Difference", 271.

29 Jacques Derrida, *Specters of Marx*, trans. Peggy Kamuf(New York: Routledge, 1994), 34.

『짐승과 주권자』 세미나에서 '동일성 안의 차이'와 '동
일성의 내적 분열'을 통해 하이데거의 철학에서 동일성
과 차이가 어떻게 서로 얽혀 있는지 보여 주며, 이를 통
해 '발텐'의 폭력적이고 권위적인 성격을 보다 명확히
할 수 있다고 주장한다. 이러한 '발텐'의 폭력성과 권위
적 성격은 곧 주권과 주권자의 의미와도 밀접하게 연결
된다.[30] 데리다의 설명을 들어 보자.

> "발텐은 존재자와 존재 사이의 차이를 생성하고 지
> 탱하며 발생시키고 열어 놓는다(이 모든 단어는 엄
> 밀히 말해 적절하지 않으며 발텐에게는 모두 불완전
> 하다). 발텐은 아직 존재 혹은 존재자 어느 쪽에도
> 속하지 않는다. '아직 아니'라 함은 시간에 관한 연
> 대기적 문제도, 순서에 관한 논리적 문제도 아니라
> 일종의 전(前)차이 혹은 심지어 존재론적 차이에 대
> 한 비(非)차이를 지칭한다. 이는 차이에 관심을 두

---

30   Derrida, *The Beast and the Sovereign*, vol. 2, 252~254.

면서도 시간적·논리적 인과성의 질서 밖에서, 아직
아닌 차이 혹은 존재 없는 차이를 준비하거나 선행
하는 이전의 비차이이다.

만약 그것이 힘이나 폭력이라면 그것은 아무것도 아
닌 것이 될 것이다. 그러나 단지 아무것도 아닌 것이
아니라 '어떤 것'이 아니고, 존재도 존재자도 아니라
는 의미에서 아무것도 아니다. 그러나 그것은 존재
와 존재자 사이의 차이를 강제하거나 억제하거나 강
제로 만든다. […] 그것은 이것도 저것도 아니며, 긍
정도 부정도 아니고 변증법적인 것도 아니며, 존재
도 아니고 존재자도 아니라 존재와 존재자들 저편에
혹은 존재와 존재자들 이편에 있는 것이다."[31]

데리다는 하이데거의 존재론적 죽음 개념에 대해
깊이 있는 비판을 전개한다. 하이데거는 죽음을 인간
의 '가장 고유한 가능성'으로 규정하며, 이는 '존재하지

31 앞의 문헌,191.

않게 될 나 자신의 가능성', 즉 '불가능성의 가능성'으로 정의된다. 그는 인간은 죽음을 그 자체로서 마주할 수 있다고 보지만 데리다는 바로 이 지점에서 근본적인 문제를 제기한다. 죽음은 모든 가능성의 종말이며, 내가 죽음을 맞는 순간 나는 이미 존재하지 않기 때문에 그것을 '가능성'으로 마주한다는 것은 성립 불가능하다는 것이다. 데리다는 하이데거가 말하는 '죽음의 가능성'은 언어와 기호, 문화적 매개 속에서 형성된 것이며, 이로 인해 우리는 결코 죽음을 순수하게 그 자체로서 경험하거나 인식할 수 없다고 주장한다. 더 나아가 그는 하이데거가 동물이 생을 단지 끝낼 뿐 죽지 않는다고 본 견해에도 반박하며, 동물 또한 죽음, 상실, 애도와 관련된 관계망 속에 있으며, 죽음의 '이름'만 가지지 못했을 뿐이라고 말한다. 결국 데리다는 죽음을 하나의 고유한 존재 가능성으로 소유하고자 하는 모든 시도가 인간 중심적 환상이며, 진정한 죽음의 경험은 언제나 도달 불가능한 불가능성으로 남는다고 말한다.

하이데거의 관점에서 동물은 그 세계가 빈곤하기

에 주권자가 될 수 없다. 인간만이 세계를 만들어 가며 오직 인간만이 주권을 갖는다. 여기서 만약 데리다가 "동물도 인간처럼 주권자가 될 수 있어!"라고 반박했다면 지나친 인간 중심주의와 낡은 휴머니즘에 문제를 제기하는 평범한 철학자에 그쳤을 것이다. 하지만 데리다는 "인간에게도 세계는 없지 않을까?"와 같이 대담하게 주장하는가 하면 놀랍게도 "인간도 주권자가 아닐지 모른다"라고 말한다.

> "단일한 의미 지평을 유지해야 하는 단어 '세계'(코스모스, 문두스, 벨트, 월드, 문도)[32]는 공통된 의미 지평을 가지지 않는 산포(散布, dissemination)이다. '세계'라는 명사는 의미가 없는 단어이거나 '세계'라는 단어를 사용하지 않고서는 그 의미가 단지 인위적인 효과에 불과한 엉성하게 조합된 언어적·용어

---

32 코스모스(cosmos)는 그리스어에서, 문두스(mundus)는 라틴어에서 유래한 단어이다. 벨트(Welt)는 독일어, 월드(world)는 영어, 문도(Mundo)는 스페인어이다. 이 단어들은 모두 '세계'를 의미한다.

적 구성물로, 우리의 공포(세계에 들어온 바 없이 태어난 아기의 공포)를 숨기기 위해 의도된 것이다. 즉 세계는 없다는 사실, 세계 그 자체보다 더 불확실한 것은 없다는 사실, 아마도 더 이상 세계는 존재하지 않으며, 살아갈 수 있는 세계이자 함께 살아갈 수 있는 세계인 하나의 총체는 결코 단 한 번도 존재하지 않았다는 사실, 그리고 그 근본적인 산포, 즉 공통된 세계의 부재, 구원 없이 살아 있는 존재의 불가피한 고독은 우선 어떤 세계의 부재, 즉 '세계'라는 단어의 공통된 의미의 부재에서 비롯되며, 결국 아무런 공통된 의미도 없음에서 비롯된다는 사실에 대한 유아적이지만 무한한 불안으로부터 우리를 보호하기 위해 의도된 것이다.

이것은 내가 인정하건대, 많은 종말론적인 발언처럼 보일 수 있지만, 또한 가장 지속적이고 일상적인 경험의 바로 그 조직, 짜이지 않은 조직, 끊임없이 풀리고 찢기는 조직을 말하는 것이기도 하다. 아마도 세상에는 너무 많은 세계가 있을지도 모르지만, 누가 우리에게 세계가 존재한다고 확신시켜 줄 수 있을까? 어쩌면 세계는 존재하지 않는다. 아직 존재하지 않았거나, 아마 한 번도 존재하지 않았으며, 앞으로도 존재하지 않을지도 모른다. 이것은 당신을 동요시키거나 우울하게 하려는 의도로 말하는 것이 아니다."[33]

세계는 없고 섬들만 있다. 원형의 힘, 발텐으로 생성되고 변형되며 부서지고 성장하는 섬들이다. 모든 차이, 곧 모든 존재자의 등장은 발텐으로 인해 가능해진다. 발텐은 세속적인 주권, 예를 들어 국가나 신의 주권과는 다른 차원의 주권이다. 그것은 세계를 열어 내는 힘으로 다양한 형태의 주권을 가능하게 하는 원형적 주권이다.

데리다의 하이데거 해석에 따르면 주권은 존재가 존재자들 속에서 드러나는 바로 그 지점에 있다. 차이

33 앞의 문헌, 265~266.

이전, 차이 그 자체의 가능성 속에는 언제 어디에나 존재하는 개방성이 있다. 이 개방성은 존재자들이 자신을 드러내고, 동시에 차이를 만들어 내는 원천적인 힘으로서 무한하고 정의할 수 없는 폭력적인 성격을 지닌다. 차이를 만들어 내고 동시에 그 차이로 인해 자신을 고수하려는, 자기 자신으로 존재하려는 자기동일성의 힘이자 동시에 그 내부를 열어젖히고 자기 자신을 넘어서려는 힘이기도 하다. 즉 존재는 자기동일성을 고수하면서도 동시에 그 한계를 넘어서야 하는 이중적 위치에 있다.

모든 것이 잠재적이고 가능한 상태인 공백의 순간, 아무것도 일어나지 않았고 모든 것이 가능할 때, 모든 것이 스스로 나타날 준비가 되어 있으며 그 자체로 나타날 수 있을 때, 바로 그 순간에 발텐이 작용한다. 이러한 자기동일성의 원형적 주권이 신의 주권, 왕의 주권, 국가 수장의 주권 등 다양한 형태의 주권을 가능하게 만든다. 발텐은 모든 주권을 초과하고 앞서는, 모든 주권보다 더 주권적인 주권이다.

그렇다면 주권은 항상 이미 열려 있으며 시작 이전, 시작 자체에서부터 존재한다고 볼 수 있다. 사실상 모든 것이 일어날 가능성을 여는 것이다. 존재론적 차이의 출현은 그 안에 주권의 흔적을 지닌다. 그러므로 발텐은 모든 것에 앞서 성장 안에서 지배한다.

지배는 끝없는 불안정성, 무한하여 정의할 수 없는 열림이다. 완결되지 않기에 항상 이미 존재하지만 아직 오지 않은 것이다. 데리다가 설명하는 하이데거적 세계는 끝없는 경쟁의 세계이다. 그 경쟁이 자기 자신과의 경쟁이든 그 너머의 것과의 경쟁이든 관계없이 그러하다. 그것은 지배의 세계이며, 따라서 항상 잠재적으로 폭력적이다. 실제로 그 안에서 잠재적인 모든 것은 폭력으로 나타난다. 지배는 모든 사건 속에 항상 얽혀 있다. 이것이 바로 주권이 모든 사건과 존재가 되는 것의 출현에 있어 중요한 부분이 되는 이유이다.

발텐, 주권은 곧 폭력이다. 이것은 중요한 역설로 이어진다. 앞에서 보았듯이 주권의 본질적인 속성 중 하나는 그것의 자기동일성이다. 주권자는 하나이며, 그 존재는 움직이는 세계 속에서 고정된 지점으로서의 위상을 부여하며 모든 것의 조건성을 초월하는 절대적 확실성을 지닌다. 그러나 동시에 그 구조상, 자신을 넘어서야만 한다는 역설적 상황에 처해 있다. 자신으로 가득 차 있으면서 동시에 자신을 넘어서는, 한 순간에 두 가지 상태가 공존하는 것이다.

자기동일성은 항상 잠재적인 지배의 논리를 내포한다. 자기의 가능성은 곧 권력의 가능성이다. 과잉의 생명력이자 존재의 출현 그 자체인 주권은, 인간이 자유자재로 사용할 수 있는 힘이나 권리가 아니다. 이것이 바로 인간을 역사적인 존재로 만든다. 인간은 인간을 지배하는 힘에 의해 창조되었고, 그 힘을 마치 자기 것처럼 행사하는 위치에 있다. 이는 곧 인간이 항상 자신을 초과하고 앞서 있는 힘을 행사하는 존재임을 의미한다. 인간을 사로잡는 폭력은 바로 자기 자신이 되어야 하는 폭력이다. 곧 자기 존재를 고수하려는 폭력이다. 이 폭력은 외부적 압박이 아니라 존재의 내적 필연성에서 비롯된다.

그렇다면 우리의 고독은 특별한 이유가 있어서가 아니라 존재의 출현과 동시에 시작된 것이라고 보아야 한다. 무언가를 찢으며 나타난 우리는 지금도 알 수 없는 힘에 휘둘리며 계속되는 파열과 분열에 시달린다. 매 순간 태어나고 죽으며 가능하지 않은 것을 꿈꾸고 도달할 수 없는 길을 걸어간다. 데리다의 사유와 문장은 이런 우리의 풍경을 가장 치밀하게, 동시에 가장 아름답게 그려 내고 있지 않나 하는 생각이 든다.

"매일, 낮과 밤의 매 순간, 우리에게 주어진 타인과 때로는 가장 가까운 사람들, 우리가 그렇게 경솔하고 어리석게 애정 어린 말과 폭력적인 방식으로 '우리 것'이라고 부르며, 우리 자신이라고 부르는 이들, 우리가 모든 것을 공유하는 사람들, 사랑으로 시작하고 끝나는 사람들 사이에서, 우리가 살고 있는 세계들이 인식할 수 없을 정도로 너무나 비슷하지 않고, 믿을 수 없고, 닮을 수 없고, 통합할 수 없고, 전달될 수 없고, 비교할 수 없고, 절대적으로 공유할 수 없고(우리는 이것을 부인할 수 없고 고집스러운, 즉 끊임없이 부정당하는 지식으로 알고 있다), 심연의 공유할 수 없는 괴물 같은 지점까지 다르다는 느낌에 압도될 때, 마치 한 섬이 다른 섬과 심연으로 인해 분리되어, 어떤 일이든, 아무리 사소한 일이더라도, '일어난다'라고 할 만한 일이 일어날 수 있게 허락된 해변이 약속조차 되어 있지 않은, 군도의 섬들 사이의 심연, 어지럽고 불가해한 심연, 공유할 수 없는 심연에 압도될 때, 우리가 그토록 많이 말하고 있는 고독은 동일한 세계에서 여러 사람이 겪는 고독이 아니다. 이는 함께 거주할 수 있는 하나의 세계 속에서 공유할 수 있는 고독이 아니라 오히려 세계들의 고독이다. 세계가 존재하지 않는다는 부인할 수 없는 사실, 심지어 하나의 세계조차, 하나의 동일한 세계조차 존재하지 않으며 하나로서의 세계가 존재하지 않는다는 사실이다."[34]

34   앞의 문헌, 266.

26
미래

　데리다의 관점에서 시간은 과거에서 현재로 현재에서 미래로 흐르지 않는다. 우리는 현재를 오직 반복 가능성의 토대 위에서 경험하고 인식할 수 있다. 심지어 사과를 하나 보는 것, 자동차 경적의 소리를 듣는 것조차 기존 경험에 의존하고 있다. 엄밀한 의미에서 '경험이 전무하다면' 우리는 볼 수도 들을 수도 없는 것이다. 예측하는 뇌는 신진대사는 물론이요, 지각, 감정, 생각도 모두 기억과 학습을 기반으로 작동한다. '순수하게 새로운 것'은 우리에게 지각되지 않는다. 과거 경험과의 연결고리가 있어야만 인식이 가능하다. 따라서 현재는 과거의 해석, 변형 혹은 재구성이며 현재는 기억의 함수, 곧 반복의 함수라 할 수 있다. 그런 의미에서 현재는 이미 '순수한 현재'가 아니다.

이러한 시간관을 확장하면 '미래'는 과연 어떻게 설명할 수 있을까? 미래는 다만 현재의 축적이므로 과거의 연장에 불과할까? 만약 당신이 예측한 대로만 모든 일이 벌어진다면 미래는 다만 과거에 불과할 것이다. 물론 통제 가능하고 예측 가능한 미래가 아예 없지는 않다. 월요일 8시에 출근하던 사람은 그다음 주 월요일 8시에도 출근을 한다. 이렇게 이미 정해져 있는 예측 가능한 미래(futur), 이것이 전부는 아니다.

예측 가능하지 않은 사건, 느닷없이 침입하듯 다가오는 도래(à-venir)로서의 미래가 있다. 데리다는 미래를 두 가지로 나누어 설명할 필요가 있었던 것이다. 왜 그럴까? 예측 가능한 미래만 있다면 과거의 무한 반복, 자기에게 갇히는 순환 사이클에 갇히고 만다. 아는 것만 보이고 이미 경험한 일만 일어난다. 새로운 것이 사라진다. 그러면 단지 '미래'의 개념이 사라지는 것이 아니라 '현재'조차 무의미해지고 엄밀히 말해 시간성 뿐만 아니라 삶과 죽음도 정지하게 된다. 모든 것이 정지한 영원만 있을 테니 말이다.

그래서 데리다로서는 도래할 장래, 계획 불가하고 예측도 인식도 가능하지 않은 미래를 설명할 필요가 있었다. 이 개념이 어쩌면 데리다의 시간성에서 제일 핵심적인 것이다. 이 미래는 현재를 교란하며, 이미 그 징후를 남기면서도 결코 도달하지 않는 타자의 시간이기 때문이다. 무한 반복으로는 도달할 수 없는 미래가 있어야만 결코 닫히지 않고 완결되지 않는 '현재의 삶'이 가능하며 각각의 반복은 이전과는 다른 반복이 된다. 그것은 곧 기존 나의 경험으로, 곧 자기동일성으로 도저히 포착이 안 되는 타자가 있어야 삶이 가능하다는 얘기가 된다.

따라서 시간이란 과거-현재-미래가 아니다. '현재'는 순수한 '현재'가 아니며 '과거'와 '미래'는 결코 현재였던 적이 없기에 진정한 의미에서 과거나 미래라고 부를 수도 없다. 데리다의 관점에서 시간이란 반복과 도래의 상호작용이라고 할 수 있을 것이다. 반복은 과거의 해석과 재구성, 기억과 학습을 통해 현재를 이해하게 하며, 이는 시간의 비선형성을 강조한다. 하지만 사건으로서의 미래, 예측 불가능한 미래가 있기에 이 과거-현재는 자기동일성에 갇히지 않고 결코 완결되지 않으며 열린 구조로 계속해서 변화한다.

이러한 시간관은 단지 시간에 대한 철학적 탐구가 아니라 존재와 타자성을 이해하는 중요한 열쇠가 된다. '나'는 '나 아닌 것들'로 만들어지기 때문이다. 아주 단순하게 나누어서(물론 그렇게 깔끔하게 나뉘지는 않는다) '반복'이 인식 가능한 '자아'의 일부라면 '도래'는 인식 가능하지 않은 '타자'에 해당한다. 타자, 곧 '도래'는 앞으로 올 것이기도 하고 이미 와 있는 것들 가운데 인식되지 않았던 것, 부재하지만 이미 영향을 끼치고 있는 것이기도 하다.

그렇다면 당신에게 반복해서 떠오르는 어떤 이미지나 풍경은 과거일 수도 있고 미래일 수도 있다. 그는 당신이 아는 사람일 수도 있고 모르는 사람일 수도 있다. 이미 우리에게 있는 것, 무한하고 광대한 인류의 경험적 자원들이 어느 순간 가시화되는 것이 '새로운 경험'이며, 그 경험은 과거의 재구성이자 무한한 미래이기도 할 것이다. 우리 손에 닿지 않는 타자가 우리를 이끌어 가듯 우리 손에 닿지 않는 미래가 우리를 만들어 간다. 죽음 아닌 삶, 혹은 죽음이 넘나드는 삶은 이렇게 가능해진다. 예측 불가능한 미래, 파악할 수 없는 타자야말로 자기동일성의 순환을 넘어서는 새로운 존재의 길을 열어 준다. 예측, 통제, 분석, 이해를 넘어서는 것이 당신을 만들어 간다.

27
서명

"만약 글쓰기가 부차적인 것이라면 그전에 아무것도 일어나지 않은 것이다."[35]

데리다의 이 말은 글쓰기로 모든 것이 시작된다는 것일까? 그러면 시작이란 무엇일까? 시작은 언제나 잘못된 시작 혹은 가짜 시작일 수밖에 없다. 어떤 시작도

---

35   Jacques Derrida, *Writing and Difference*, 103.

절대적인 기원을 확보할 수 없기 때문이다. '시작되었다'라는 인식 자체는 이미 이전 텍스트, 이전 말, 이전 행위에 의해 조건 지어져 있으며, 그렇기에 어떤 출발도 온전한 시작일 수 없다.

시작이 단일한 기원을 갖지 못한다면 끝 역시 단일한 종결로 존재하지 않는다. 어떤 사건도 사람도 시기도 결코 단번에 끝나지 않는다. 시간은 한 방향으로, 직선처럼 흐르지 않는다. 되돌아오고 지연되며 선행과 후행의 순서를 교란한다. 그것은 언제나 어긋난다. 시작이 늘 이미 있었던 어떤 것의 흔적 속에서 미끄러진다면 끝 또한 단절되지 않은 채 흔적으로 남아 계속 작동한다. 무언가는 언제나 흔적으로 남아 흐르며 영향을 남긴다. 어쩌면 완전히 사라지는 것은 아무것도 없기에 모든 것이 끊임없이 변하는 것인지도 모른다. 우리가 알든 모르든, 기억하든 기억하지 못하든, 얼마나 오래되었든 상관없이 여기 있었던 것들은 모두 우리 안에서 계속 작동한다. 그렇다면 어떤 일의 시작 혹은 끝이라는 말은 그 의미를 담아내지 못하고 줄줄 새는 엉성하고 헐거운 체 같은 것이다. 실상은 시작도 끝도 없이 계속될 뿐이다. 이 지속성은 무한성의 징후이며, 무한은 늘 도래하고 변화하지만, 결코 도달하지 않기에 단일한 형상으로 고정되지 않는다. 그래서 그것은 매번 구체적으로 다가오며 유한의 형상을 입는다. 무한은 유한을 통해서만 유한으로만 모습을 드러낸다. 그리고 이 유한은 고정된 실체가 아니라 도래하고 흘러가며 지연되는 시간 속에서 드러나는 유한성이다. 그러므로 무한은 고정된 전체가 아니라 지연과 유한 속에서 끊임없이 발생하는 사건들의 반복이다.

서명이란 무엇인가? 내가 썼음, 내가 했음을 새기는 행위이다. 나의 존재를 공식적으로 남기고 넘기는 행위이다. 늘 누군가를 위해, 그다음 볼 누군가를 위해 있다는 점에서 서명은 배턴터치이다. 나를 너에게 넘기고 맡기고 물러난다. 이 세계가 이제는 나를 떠나 너에게 달려 있음을 공식적으로 인정하는 것이기도 하다. 그런 의미에서 서명은 글쓰기와 닮아 있다.

서명은 언제나 응답을 요구하는 요청이며, 부재

속에서, 부재를 통해서만 작동하기에 본질적으로 미완결이다. 이러한 점에서 서명은 단순한 확인 행위가 아니라 하나의 사건이자 트라우마이며 상처이고 글쓰기의 역사 속에서 반복되는 상실의 흔적이다.

데리다가 말하는 반복 가능성이란 단순한 재현이 아니다. 반복된다는 것은, 곧 그것이 애초에 하나의 원본으로 존재하지 않았음을 뜻한다. 서명은 언제나 다시 쓰일 수 있어야 하며, 다시 읽힐 수 있어야 한다. 그렇기에 서명은 특정한 '지금-여기'에 고정된 사건이 아니라 시간을 가로지르며 반복적으로 발생하는 디페랑스의 구조 안에 놓인다. 이 지점에서 데리다적 시간성이 등장한다. 시간은 단순히 흘러가지 않는다. 그것은 지연되고 되돌아오며, 현재에 결코 도달하지 못한 채, 오고 있으나 아직 오지 않은 채로 작동한다. 이처럼 데리다에게 미래란 예측 가능한 것이 아니다. 계획 가능하고 통제 가능한 시간의 연장이 아니라 느닷없이 침입하듯 다가오는 도래할 자의 시간이다. 이 미래는 현재를 교란하며, 이미 그 징후를 남기면서도 결코 도달하지 않는 타자의 시간이다.

이와 같은 시간성 안에서 서명은 반복되되 동일하게 반복되지 않으며, 각각의 반복은 이전과는 다른 새로운 사건으로 발생한다. "모든 서명은 본질적으로 미완결이다"라고 선언할 수 있었던 이유가 바로 여기에 있다. 그는 '서명'이라는 개념을 단순한 설명이 아니라 그것을 자신의 문장 자체로 구현함으로써 그 말이 말하고 있는 구조에 '서명'한다. 이처럼 말은 자기 자신을 가리키는 자기 지시적 사건인 동시에 자기 탈구축의 징후이기도 하다. 데리다는 자신의 서명조차 완결된 과거의 행위가 아니라 반복과 지연의 시간 속에서 계속해서 도래하는 사건으로 만든다. 이 반복 속에서 그의 텍스트는 독자를 부른다. 우리는 그 호출에 응답하면서 그가 남긴 말들을 다시 읽고, 다시 쓰고, 다시 서명하는 반복의 상속자가 된다.

데리다의 서명에 응답하는 우리는 그 서명의 요청을 언어로 다시 받들어야 하지만 그 요청은 언제나 과잉되었고 동시에 도달 불가능한 것이다. 말하자면 데리다의 텍스트는 언제나 말할 수 없음의 주변을 서성인다. 그것은 단지 말이 닿지 않는 절대적 침묵이 아니라 말이 도달하기를 욕망하면서도 결코 포착할 수 없는 경계, 즉 언어가 자기를 초과하는 자리이다. 그는 의미를 폐기하지 않지만, 그 의미는 결코 완결되지 않고, 늘 넘치며 지연되고 흔들린다. 이러한 의미 과잉은 단순한 정보의 다중성이 아니라 텍스트가 스스로를 소멸시키지 않으면서도 끊임없이 자신을 넘어서려는 운동이다. 이 운동은 언어의 경계를 휘게 하고, 결코 도달할 수 없는 바깥을 가리킨다. 언어는 언제나 자신을 초과하려는 곡선 속에서 존재한다.

이러한 맥락에서 서명이 하나의 "말할 수 없는" 행위라는 사실은, 곧 그 누구도 단 한 번의 서명으로 단 한 번의 문장으로 그 의미를 닫을 수 없다는 한계 인식과 만난다. 데리다는 그 인식에서 물러서지 않고, 오히려 그 한계의 자리에서 다시 쓴다. 말할 수 없음은 침묵이 아니라 계속해서 쓰기를 요구하는 말의 여백이며, 의미의 과잉은 결코 닫히지 않을 의미의 잉여로서 독자를 다시 말하게 만들고, 다시 읽게 만든다. 그렇기에 데리다의 서명은 단지 그에게 속한 것이 아니라 지금도 우리에게 도착하고 있는 요청이다. 그것은 부재한 자의 목소리로 침묵 너머에서 우리를 다시 쓰게 만든다.

"글쓰기가 부차적인 것이라면 그전에 아무것도 일어나지 않은 것이다"라는 그의 말은 끝나지 않은 서명처럼 여전히 우리 곁을 맴돌며, 이제 우리가 더는 말할 수 없는 자리에 머물러야 함을 상기시킨다. 말해질 수 없음의 가장자리를 서성이는 그 요청은 우리를 다시 쓰게 한다. 그 불가능한 말 걸기에 응답하는 것이야말로 글쓰기 이후의 글쓰기이며, 우리가 남겨진 자로서 감당해야 할 애도이자 책임일지도 모른다.

28
기원 없음, 종말 없음

　　데리다의 초기 사유가 '기원'에 대한 탈구축이었다면 후기 사유는 점차 '종말'에 대한 탈구축으로 나아간다고 볼 수 있다. 물론 이때의 기원과 종말은 서로를 전제하는 쌍을 이루는 개념이다. 하나가 설정되어야 다른 것도 설정되며, 양자는 상호 의존적이다. 기원은 언제나 사후적으로 구성되며, 그렇기에 모든 시작은 결국 허구적인 구성물, '가짜 시작'일 수밖에 없다. 그렇다면 종말은 어떤 문제를 낳는가?

　　종말, 즉 텔로스(존재나 사건이 본래적으로 지향하는

궁극적 완결)가 문제가 되는 이유는 그것 역시 기원과 마찬가지로 형이상학적 구속력의 산물이며, 사후적으로 구성된 허구라는 점 때문이다. 목적은 어떤 과정이나 존재의 방향성을 정당화하거나 완결 짓기 위해 동원된다. 기원이 현재를 정당화하기 위해 발명된 출발점이라면 목적은 현재의 경로를 "이래야만 했다"라고 하며 되돌아가 의미화하는 종착지이다. 사유와 존재, 삶과 역사에 궁극의 목적과 도달점이 있다고 상정하는 일은 편리하지만 폭력적이다.

데리다의 시선에서 종말은 단순한 시간적 끝이 아니다. 그것은 의미의 정지이며, 운동의 중단이다. 차이와 흔적, 디페랑스로 이루어진 복잡한 구조를 닫아 버리려는 폭력적인 프레임이다. '텔로스의 탈구축'은 단순히 어떤 목표나 도착지를 부정하는 것이 아니다. 그것은 삶과 사유를 일정한 결말로 수렴시키려는 형이상학적 서사 전체에 대해 근본적인 의문을 제기하는 것이다. 종말은 미래에 도달할 장소이기 이전에 현재를 그 종말로부터 소급해 정당화하고 정렬하는 장치이다. 이

는 우리가 경험하는 세계의 복수성과 우발성, 예외성을
제거하고, '올바른 방향'을 사후적으로 만들어 내려는
무의식적 서사 기획에 다름 아니다. 종말은 단순한 마
침표가 아니라 현재의 불확정성과 불안정성을 봉합하
고 열려 있는 시간의 지평을 폐쇄하는 도식이다.

　데리다에게 탈구축이란 이처럼 종말론적 통제 구
조를 교란하고, 사유를 고정된 목적지로부터 해방시키
는 시간적·정치적 실천이다. 종말은 단순히 어떤 사건
의 마지막이 아니라 현재를 하나의 방향 아래 정리하고
봉합하려는 서사적 욕망의 결과물이다. 우리가 어떤 역
사, 사건, 삶의 경로를 하나의 흐름으로 기술할 때, 종말
은 현재의 다의성과 흔들림, 우연성을 제거하려는 무의
식적 기획으로 작동한다. 그런 의미에서 탈구축은 더
이상 언어 구조나 개념의 탈구축에 머무르지 않고, 시
간성에 대한 정치적 개입이 된다.

　형이상학은 기원이 단순하다고 믿듯 종말 역시 단
순하고 완결적인 것으로 간주한다. 하지만 데리다에게
종말은 결코 단순하지 않다. 오히려 '종말을 향한다'라

는 사유 자체가 문제적이다. 어떤 종말이라도 그것이 도달 가능한 것이라 말하는 순간, 우리는 그에 이르기 위한 유일한 길, 즉 목적론적 질서를 전제하게 된다. 그 질서 속에서 차이와 실패, 우연성과 흔들림은 제거된다. 종말은 단순한 끝이 아니라 가능성의 봉쇄이며, 다른 세계의 도래 가능성을 무효화하는 폐쇄 장치이다.

더 나아가 종말은 선과 악, 정의와 부정의, 해방과 억압을 명료하게 구분 짓는 도덕적·정치적 이데올로기의 도구가 되기도 한다. 어떤 상태를 '도달해야 할 선'으로 설정하는 순간, 그 경로에서 벗어난 타자성이나 실패, 파국은 제거되어야 할 것으로 간주된다. 이런 맥락에서 데리다는 종말의 개념을 '탈구축'할 수밖에 없었고, 그 탈구축은 윤리와 정치의 재구성을 요구하는 과제로 이어진다.

따라서 베닝턴이 지적하듯[36] 후기 데리다의 저작이 전보다 명시적인 윤리·정치적 관심사로 전환된 것

36　Bennington, *Not Half No End: Militantly Melancholic Essays in Memory of Jacques Derrida*, 136.

처럼 보이지만 이것은 기원의 탈구축에서 목적의 탈구
축으로 강조점이 옮겨간 결과일 뿐이다. 형이상학의 기
원-목적론적 구조를 탈구축하려는 일관된 사유의 일
부로서 이 문제는 애초부터 데리다에게 내재해 있었던
것이다.

현재를 정당화하기 위한 기원이 허구인 것처럼 목
적을 향한 종말 개념 또한 허구이다. 그러나 그것은 단
지 허구에 머물지 않는다. 열려 있는 세계를 관념으로
닫아 버리고 세계를 통제 가능한 수준으로 구획하려는
시도이며, 타자성을 밀어내고 지금 여기 존재하는 현실
의 난제들을 회피하고 외면하는 것이다. 따라서 종말
개념에 대한 탈구축 없이는 삶의 예측 불가능성을 수용
하고 타자성에 책임 있게 응답하며 선택하는 일이 불가
능하다.

윤리와 정치의 진정한 출발점은, 그것이 향해야
할 단 하나의 종말이나 도달해야 할 궁극적 목적이 없
다는 인식이다. 아마도 이러한 인식의 전환이 데리다가
우리에게 남긴 중요한 철학적 유산 중 하나일 것이다.

전통 정치철학은 이상적인 기원이나 궁극의 목적을 평화롭게 상상하는 목적론적 구조를 띤다. 이러한 형이상학적 기원과 종말에 대한 사유는 비폭력을 전제하며, 마치 어떤 것만 갖춰지거나 해결되면 궁극적 평화가 가능할 것처럼 우리를 속인다. 심지어 폭력에 대해 더 깊이 있는 접근을 할 것처럼 보이는 홉스, 헤겔, 마르크스의 정치철학조차도, 비폭력이라는 목적론적 시각 속에서만 폭력을 사유한다.[37] 이처럼 정치철학은 결국 도달 가능한 최종 풍경이 있음을 전제하고 정치를 끝낼 방법에 대해 논하는 철학이었고, 형이상학적 정치 개념은 곧 정치의 종말에 대한 개념이 되어 왔다.

발텐과 디페랑스에 대한 사유를 토대로 원형적 '폭력'을 상정하는 데리다의 사유는 이러한 목적론적 구조를 무너뜨림으로써 전통적인 정치철학 전체를 전복시킨다. 정치는 결코 완성되지 않기에 끝이 없고 민

37　Geoffrey Bennington, *Interrupting Derrida*(London: Routledge, 2000), 28~29.

주주의는 도래할 것으로만 사유할 수 있다. 이 민주주
의는 결코 도달하지 않을 것이며, 동시에 결코 충분히
만족스러운 수준으로 민주주의를 실현했다고 주장하
지도 않는다. 이러한 '도래할 민주주의'와 사건의 불가
능성에 대한 사유는 우리로 하여금 결코 관념에 안주하
지 못하도록 하며 지금 여기에서 끝없이 응답하도록 요
구한다는 점에서 어떤 정치철학보다도 가장 급진적이
라 할 수 있다.

　데리다는 바로 이 타자, 사건, 원형적 폭력에 대한
사유를 바탕으로 민주주의 개념을 전개하고자 시도한
다. 데리다를 통과하면서 정치는 형이상학적 규정을 벗
어나 표류하기 시작하며, 끝이 없는 것임이 드러난다.
이념의 틀 안에서 더는 사유될 수 없고, 결코 완성되지
않으며 언제나 실현되지 않는 약속의 형태로 남는다.
동시에 정치는 언제나 지금 이 순간에 발생하는 독특한
것으로, 진정한 타자성으로 다루어진다.

　페넬로페 도이처(Penelope Deutscher)의 해설에 따
르면 데리다가 말하는 도래할 민주주의는 순수한 이상

이 아니며, 불가능하기에 동시에 '간신히 가능하다'라고 볼 수 있다. 오히려 불가능성을 온전히 받아들여야 어느 정도 가능할 것이기 때문이다. 데리다를 따라 도이처는 다음과 같이 강조한다.

"우리는 일어나는 일이나 다가올 일들을 주도하지 못한다. 그리고 민주주의가 불가능하다고 해도 그것이 올 수 없다고 말할 권한이 없다. 설령 민주주의가 왔다고 해도 우리가 미처 인식하지 못할 수도 있다. 그건 우리가 예상한 것이 아닐 가능성이 크다. 또한 우리는 그것이 도래한 것에 대해 책임이 없을 수도 있다. 우리는 그것이 왔다는 사실을 알지 못할 수도 있다. 그러나 우리가 우주의 주인이 되어 그 최종적인 도래를 정리할 수 없듯 민주주의가 결코 올 수 없다고 확정적으로 말할 만큼의 주권도 가지지 못한다."[38]

38   Penelope Deutscher, *How to Read Derrida*(New York: W.W. Norton & Company, 2006), 112.

어떤 것도 완결하지 않고 닫지 않으며 결코 확정하지 않는 철학자 데리다는 '어쩌면'이라고 말할 뿐이다. 논리의 고정된 틀을 깨는 집요한 논리, 사유의 일관성을 파열시키는 사유. 그는 살아 있는 동안 80권이 넘는 책을 집필하며 수많은 논란과 영향을 불러일으켰지만, 무엇보다 그는 삶의 열려 있음을 가장 첨예하게 몸소 구현한 철학자가 아니었을까?

어쩌면.

데리다의 생애[39]

"박해받던 유년기 유대인으로서 내가 겪은 고통(결
코 특별한 것이 아니며, 유럽에서 견딘 사람들의 고
통에 비하면 아무것도 아니다—그렇기에 나는 언제
나 그에 대해 말하는 데 조심스러워지고 절제하게

39 다음 자료를 토대로 재구성. Mauro Senatore, "Jacques Derrida: A
Biographical Note", in *Jacques Derrida: Key Concepts*, ed. Claire Colebrook(New
York: Routledge, 2014), 1~9; Leonard Lawlor, "Jacques Derrida", in *The Stanford
Encyclopedia of Philosophy*, ed. Edward N. Zalta and Uri Nodelman, Summer
2023 Edition, https://plato.stanford.edu/archives/sum2023/entries/derrida/;
Jack Reynolds, "Jacques Derrida", in *The Internet Encyclopedia of Philosophy*,
ISSN 2161-0002, https://iep.utm.edu/jacques-derrida/.

된다), 바로 그 고통이 어떠한 공동체에도, 어떠한 융합적 집단성에도, 그것이 무엇을 근거로 하든 간에 나로 하여금 근본적인 신뢰를 갖지 못하도록 만들었다는 것이다. 그것은 당연히 민족적·종교적·국가적 뿌리를 내세우는 반유대주의적 집단화에서 시작되며, 나는 그 징후를 즉각적으로 포착하고, 그 증상을 해독할 줄 아는 훈련된 경계심을 갖게 되었다. 그 경계심은 '끔찍하다고까지 말할 수 있을 정도의 민감함'이다. (나는 가끔 생각하곤 한다. 반유대주의 증상의 해독과 그것과 불가분하게 동반되는 전체 의미 체계의 해독이 내가 처음 배운 해석 대상, 즉 나의 첫 독해 대상이 아니었을까 하고. 마치 내가 읽는 법을 안다는 것, 혹은 어떤 사람들은 말하듯 '탈구축하는 법'을 안다는 것은 반유대주의를 처음으로 읽고, 심지어 탈구축하는 법을 배우면서 가능해진 것이 아닌가 하는 생각 말이다.) 그러나 바로 그 고통, 그리고 그 증상을 해독해야 한다는 강박은 역설적이고 동시에 나에게 모든 형태의 공동체성과 공동체주의, 특히 반작용으로 나타나는 연대에 대해서도 경계하게 만들었다. 그것은 내가 자라 온 유대인 환경이 지닌 융합적인 면, 때로는 무리 지은 집단성과 다르지 않은 면이 있기 때문이다. 열 살 무렵부터(학교에서의 퇴출과 알제리에서의 공인된 반유대주의가 절정에 달하던 시기) 나는 뚜렷하지 않지만 점차 사고를 동반하게 된 어떤 감정을 품게 되었다. 그것은 소속의 단절이라는 감정, 즉 양측 모두로부터 상처받은 관계였다."[40]

자크 데리다는 1930년 7월 15일, 당시 프랑스 식민지였던 알제리 엘비아르의 세파르디 유대인 가정에서 태어났다. 알제리계 유대인이라는 복합적인 정체성은 훗날 그의 사유 전반에 깊은 영향을 끼치게 된다. 실제로 그의 글쓰기는 철학적 사유와 사적인 고백이 뒤섞이며 삶의 경험이 담긴 내밀한 이야기들과 논리적이고 추

---

40   Derrida, "Abraham, the Other", 15.

상적인 글들이 한데 펼쳐진다는 점에서 매우 독특하다.

일반적으로 철학자의 논문이나 저작은 보편적 진리를 지향하며, 개인적 경험을 초월한 공적인 사유의 산물로 간주된다. 물론 철학자의 개인적 경험이나 처지가 그의 언어와 글쓰기에 영향을 미칠 수는 있지만 철학의 내용 자체는 흔히 '객관적인 진리'로 간주되며, 자전적 요소는 종종 부차적인 것으로 취급된다.

그러나 데리다는 무엇이 '개인적'이고 무엇이 '공적'인지 엄밀하게 구분할 수 있는지, 그러한 구분이 과연 의미가 있는지 희의적이었다. 그는 오히려 철학적 사유의 재료로 자신의 경험과 자기 자신과의 관계를 적극적으로 활용했다. 그 결과 그의 많은 글은 자전적인 성격을 띠며, 이질적이고 분열적인 특유의 서술 방식으로 펼쳐진다.

예를 들어 1998년 출간된 『타자의 단일언어주의』에서 데리다는 고등학교 시절, 프랑스 비시 정권이 알제리 원주민의 언어들, 특히 베르베르어 사용을 금지했던 경험을 회상한다. 당시 비시 정권의 유대인 법령은 그의 학업을 중단시키는 계기가 되기도 했다. 알제리계 유대인으로서 겪은 차별, 두 차례 이상의 퇴학, 프랑스로의 이주, 그리고 평생 프랑스어를 사용하면서도 단일한 정체성으로 자신을 규정하기 어려웠던 내적 균열의 경험은 이후 전체주의와 권력, 마이너리티성과 타자성에 대한 그의 예민한 철학적 사유에 깊은 토대를 제공했다.

제2차 세계대전 직후 데리다는 철학을 공부하기 시작했다. 1949년에 파리로 이주하여 고등사범학교의 철학 입학시험을 준비했고, 처음에는 떨어졌으나 1952년 두 번째 시도에서 합격했다. 이때의 프랑스는 푸코, 알튀세르, 리오타르, 바르트, 메를로-퐁티, 사르트르, 드 보부아르, 레비-스트로스, 라캉, 리쾨르, 블랑쇼, 레비나스 등 철학자들의 성장과 활약이 눈부신 시기였다. 1950년대 프랑스에서는 메를로-퐁티를 중심으로 한 현상학적 사유가 철학 교육의 주류를 이루고 있었고, 데리다 역시 이 흐름 속에서 후설의 논문들을 깊이 파고들었다. 그는 단순한 해석이나 재현이 아닌, 후설 사유의 구조적 균열을 드러내려는 비판적 독해를 시도했다. 그 결과 1953~1954학년도에 석사 논문 「후설 철학에서의 발생의 문제」*"Probleme de la genese dans la philosophie de Husserl"*를 발표했고, 『기하학의 기원』*L'Origine de la Géométrie, 1962*의 서문을 통해 후설에 대한 매우 새로운 해석을 제시했다.

1960년대는 이 세대의 프랑스 사상가들에게 중요한 성취의 시기였다. 1961년 푸코는 『광기의 역사』*Folie et Déraison: Histoire de la folie à l'âge classique*를 발표했으며, 이 시기에 데리다는 푸코의 세미나에 참여하고 그로부터 「코기토와 광기의 역사」*L'Origine de la Géométrie*를 썼다. 이 글에서 데리다는 푸코가 데카르트를 광기의 배제로 규정한 데 대해 철학적 반론을 제기하며, 데카르트의 '코기토'가 광기를 전면적으로 배제하지 않았음을 논증한다. 이는 인식론의 기원과 이성의 경계를 둘러싼 두 사상가 사이의 철학적 갈등을 드러냈는데, 이 글은 데리다와 푸코 간의 균열을 가져왔고, 그 균열은 이후에도 완전히 회복되지 않았다.

그의 초기 사상에 큰 영향을 미친 인물로는 니체, 하이데거, 소쉬르, 레비나스, 프로이트 등이 있다. 1960년대 초에는 특히 하이데거와 레비나스를 면밀히 연구했는데, 1964년 출간한 『폭력과 형이상학』*Violence et métaphysique*을 통해 데리다는 레비나스의 타자에 대한 사상에 크게 동의하면서도, 그로부터 일정한 거리를 두고 있다는 점을 분명히 했다. 이 글은 데리다와 레비나스의 평생에 걸친 우정을 여는 계기가 된다.

1967년, 37세의 데리다는 매우 중요한 책 세 권을 동시에 출간하면서 세계적인 철학자로서 자리 잡게 되었다. 『글쓰기와 차이』*L'écriture et la différence*, 『목소리와 현상』*La Voix et le Phénomène*, 그리고 『그라마톨로지에 대하여』*De la grammatologie*가 그것이다. 『글쓰기와 차이』는 주요 철학자들에 대한 비평적 에세이를 통해 그의 탈구축 전략을 전개하며, 『목소리와 현상』은 후설의 현상학을 언어철학적으로 비판하는 작업에 집중한다. 『그라마톨로지에 대하여』는 음성과 문자, 말과 글의 위계를 전복시키며 서구 형이상학 전체에 대한 비판을 정초한다.

이 책들에서 그는 텍스트를 면밀히 읽어 내는 과정에서 "탈구축"이라는 용어를 잠깐 언급하며 자신의 프로젝트를 설명했는데, 이 용어는 즉시 유행하며 여기저기 퍼져 나갔다. 탈구축이라는 말이 본래의 맥락을 떠나 어떤 기법처럼 널리 알려지자 데리다는 불편한 심기를 내비치기도 했으나 그것은 오늘날까지도 데리다 사상의 대명사가 되었다. 매우 논리적이면서도 감각적이고, 종종 장황하게 흩어지는 데리다의 글쓰기 스타일은 문학 비평이나 건축, 예술 분야 등에서 크게 인기를 끌었지만, 철학자들로부터 많은 비판을 받기도 했다.

특히 분석철학 전통에서는 데리다의 문체가 모호하고 검증 불가능하다는 비판이 많았으며, 일부는 그의 철학을 '문학'으로 간주하기도 했다. 데리다는 이에 대해 글쓰기 그 자체가 철학적 사유의 조건이라는 점을 강조하며, 철학과 문학의 경계를 허무는 사유의 방식으로 응답했다.

같은 해에 출간한 세 권의 책은 모두 각각 다른 이유로 파장을 불러일으켰지만, 특히 『그라마톨로지에 대하여』는 데리다의 가장 유명한 작품으로 남게 된다. 이 책은 서구 사상에 큰 영향을 미쳐 온 언어와 글쓰기의 이분법을 폭로하고 이를 전복시킨다.

특히 존 설(John Searle)과의 갈등은 유명하다. 1972년 데리다는 『철학의 여백』*Marges de la philosophie*의 마지막 장에 「서명, 사건, 맥락」*"Signature, Event, Context"*을 수록했다. 이 글은 후설에 대한 짧은 언급도 포함하고 있지만 핵심적인 논점은 오스틴의 언어 행위 이론에 맞추어져 있다. 데리다는 후설과 오스틴 모두가 언어의 작동에서 '인용' 혹은 반복 가능성이라는 차원을 충분히 사유하지 못했다고 비판한다. 그는 의미 있는 발화(후설)든 수행적 발언(오스틴)이든 그것이 맥락에 의해 결정되고, 언제든지 반복·변형 가능하다는 점에서 인용이야말로 의미의 생성 조건이라는 주장을 펼친다. 이로써 데리다는 수행성과 반복 가능성을 둘러싼 논의에서 고전 언어철학의 구도를 전복한다.

이 글의 영어 번역은 1977년 창간된 저널 『글리프』*Glyph* 제1호에 실렸다. 당시 편집자 샘 웨버는 미국 언어

철학계와의 대화를 모색하며 존 설에게 데리다의 글에 대한 논평을 요청했다. 이에 설은 「차이를 반복하기: 데리다에 대한 답변」"Reiterating the Differences: A Reply to Derrida"이라는 글에서 데리다의 주장을 조목조목 반박하며, 오스틴에 대한 이해가 부정확하다고 비판했다. 데리다는 즉시 응수했고, 이듬해인 1978년 『글리프』 제2호에 장문의 반론을 발표한다. 설의 비판이 약 10쪽 분량이었던데 반해 데리다의 반론은 90쪽에 달했다.

반론 원고 "Limited Inc a b c…"에서 데리다는 설의 이름을 '살'(Sarl)이라고 일부러 잘못 표기하며 무자비하고도 날카로운 반박을 펼친다. 특히 데리다는 설이 정작 글의 핵심 개념인 서명, 사건, 맥락을 거의 다루지 않았다는 점을 비판하며, 이 논쟁을 영어권에서 자신의 철학이 어떻게 오해되고 왜곡되었는지에 대한 보다 넓은 문제로 확장시킨다. 데리다의 좌절과 불만은 점차 표면화되었는데, 1992년에는 영국 케임브리지 대학교가 데리다에게 명예 철학박사 학위를 수여하려 하자 이를 반대하는 분석철학자들의 공개서한이 『런던타임스』에 실리기도 했다. 그들은 데리다의 글쓰기가 철학적 기준을 충족하지 못한다고 주장했다. 그러나 이 같은 반발에도 불구하고 케임브리지는 예정대로 데리다에게 명예 철학박사 학위를 수여했다. 이 일화는 단순한 학문적 논쟁을 넘어, 데리다의 철학이 기존 철학의 규범, 특히 언어철학의 전통적 구도에 대해 어떤 급진적 균열을 일으켰는지를 단적으로 보여 주는 사례이다.

1990년 이후 데리다의 작업은 특히 정치와 종교라는 두 가지 방향으로 진행되었다. 1993년의 『마르크스의 유령』*Spectres de Marx*에서 데리다는 탈구축된 마르크스주의 사상이 오늘날의 세계와 여전히 관련이 있다고 주장하며, 새로운 메시아적 사상, 즉 "도래할 민주주의"의 형태를 갖추고 있다고 말한다. 『불량배들』*Voyous, 2003*에서는 주권에 관한 마지막 작업을 통해 법이 항상 중지될 수 있는 가능성을 내포하고 있음을 보여 주면서 미국과 같이 민주주의의 상징에 가까운 국가조차도 "불량 국가"와 같거나 심지어 가장 "불량한" 국가일 수 있음을 시사했다. 또한 동물성에 관한 문제, 사형제

에 관한 문제 등을 다루며, 2002년과 2003년에는 생명
과 권력의 문제를 다룬 마지막 강의 시리즈 『짐승과 주
권자』를 2년간 진행했으며 이 무렵 췌장암 진단을 받아
2004년 10월 8일에 세상을 떠났다.

에필로그

데리다가 가다머를 추억하며 쓴 글에 다음과 같은
내용이 있다.

"그가 우리 안에서, 우리 앞에서 말하는 바로 그곳에
서 우리가 그를 얼마나 더 필요로 하는지, 그를 짊어
지고 나를 그에게 짊어지워야 하는지 되새기면서 시
작했을 것이다. 아마도 나는 이 모든 이유로 횔덜린
의 시 「티탄」Die Titanen의 구절을 인용하는 것으로 시
작했어야 했을 것이다. Denn keiner trägt das Leben

279

allein 누구도 삶을 혼자 짊어지지는 않기에."[41]

친구, 동료들과의 우정, 그리고 상실에 대하여 데리다만큼 첨예하게 사유하고 글을 썼던 철학자가 있었던가? 게다가 그 글들은 그 자체로 '도달할 수 없음' 혹은 '완결할 수 없음'이라는 데리다 특유의 윤리를 보여준다.

심리상담을 하고 강의를 하며 만난 사람들의 다양한 어려움을 지켜보면서 나는 결국 많은 이들이 가장 피하고 싶어 하는 것이자 가장 힘들어하는 지점이 '불확실성'이 아닐까 하는 생각을 하게 되었다. 불확실성에 머무는 능력, 시인 키츠와 정신분석가 비온이 강조했던 네거티브 능력을 나 역시 매우 중요하다고 생각한다. 예를 들어 셰익스피어의 희곡 『햄릿』*The Tragedy of Hamlet, Prince of Denmark*에는 아버지 유령이 등장하고 이 유령의 말을 그대로 믿고 따라야 할지 고뇌하는 햄릿의 모습이

---

41 Derrida, "Rams", 163.

그려진다. 존재할 것인가, 존재하지 않을 것인가에 대한 모든 질문은 결국 상속에 대한 질문이다. 데리다가 날카롭게 짚었듯 상속은 결코 주어지는 것이 아니라 해석하고 응답해야 하는 과업이며, 이는 곧 우리가 존재하는 방식 자체가 먼저 상속이라는 것, 좋든 싫든 알든 모르든 그러하다는 것을 뜻한다.[42] 존재한다는 것은 상속하는 것이다. 게다가 더욱 난감하게도, 그 유산 혹은 상속은 "결코 하나로 모아지지 않으며 그것 자체로 하나가 되지 않는다".[43] 상속자는 여러 가지 가능성을 읽어 내고 선택하며 재확인해야 한다. 만약 그 뜻이 너무나 명확하고 투명하며 일관되게 주어진다면 그것은 결코 해석할 필요가 없으므로 유산이 아닐 것이다. 일방적으로 영향을 받기만 하는 자연적인 혹은 유전적인 원인에 불과할 것이다.

서로 상충되거나 복잡한 것, 알 수 없는 비밀을 상속받는 우리는 결국 읽고 해석해야만 한다. 읽기의 윤

---

42 Derrida, *Spectres of Marx*, 54.
43 앞의 문헌, 16.

리학은 가독성이 열어 놓은 그 여백의 협상 속에서 형성된다. 자신을 위해 복수를 해 달라는 목소리에 어떻게 응답할 것인지 햄릿은 선택해야만 한다. 게다가 그것이 정말 아버지의 목소리인지 누군가의 장난인지 햄릿 자신의 죄책감과 욕망이 투영된 환각인지는 끝내 알아낼 길이 없다. 햄릿 자신도 알 수 없고, 읽는 우리도 알 수 없으며, 심지어 이 이야기를 쓴 셰익스피어도 알지 못한다.

알아낼 수 없음, 이해할 수 없음, 확실하지 않음을 없애 버리려 애쓰지 않고, 그대로 그것을 살아가는 것. 키츠는 문학 창작의 맥락에서, 비온은 정신분석가에게 필요한 역량이라는 관점에서 네거티브 능력을 강조했지만 나는 그러한 '결론 내리지 않는 힘'이 누구에게나 중요한 의미를 갖는다고 생각한다. 불안장애, 공황장애, 강박, 중독 등 정신건강 분야의 다양한 문제들이 불확실성을 견디지 못하는 것과 관련이 있기 때문이다. 그래서 나는 좌선(坐禪)을 소개하고 시 읽기를 권해 왔다. 이런 접근도 물론 의미가 없지는 않다. 하지만 이것은 여전히 불확실성을 잘 견디고 다스려야 한다는, 일종의 '과제'로 보는 수준에 머물러 있다.

그런 나에게 데리다의 사유는 완전히 다른 차원을 보여 주었다. 탈구축은 어떤 문제에 대한 해결책을 제시하려 들지 않는다. 오히려 우리가 문제를 인식하고 논의하는 방식 자체가 이미 하나의 문제임을 보여 주려 한다. 내가 데리다의 책을 읽으며 받은 강한 인상은 무서우리만큼 집요하게 죽음을, 삶을, 타자를 탐구하지만, 그 어떤 것도 확정하지 않는다는 것이었다. 그래서 많은 학자가 그를 어떠어떠한 철학자라고 규정하거나 몇 개의 키워드나 개념으로 환원하는 우를 범하지 않으려고 애를 쓴다. 그의 "확정하지 않음"을 존중하기 위해서이다. 그러한 열어 둠은 다양한 오해와 비판을 허용하며 다른 곳에서 다르게 살아남도록 허용한다.

데리다의 책들은 서로 연결되어 있고, 그의 문장들은 이 책 저 책에서 비슷하게 반복되어 등장하는데 또 그것이 각각 매우 다르게 보일 때가 많다. 이를테면

1월에 읽었던 책을 8월에 다시 보니 또 완전히 새롭다. 살아 있는 유기체처럼 말이다. 마치 서로 다 연결되어 있는데 따로 떨어져 있는 것처럼 단독으로 존재하고 스스로 힘을 발휘하는 것처럼 착각하는 우리를 보고 웃는 듯하다(아니, 우는 것일지도).

"즐거움은 오직 애도에서, 애도된 즐거움으로부터 태어난다. 어떤 애도나 어떤 죽음에 대한 기억이 아니라 바로 나 자신에 대한 애도이다. 나는 어제에서 왔다, 나는 더 이상 존재하지 않는다, 나는 더 이상 현재에 존재하지 않으며, 나는 이미 어제이다. […] 내가 즐기는 것은 어제일 뿐만 아니라 아마도 그것은 내 어제일 수도 있고, 어쩌면 이미 오늘의 다른 사람의 어제일 수도 있다. 어쨌든 그것은 다른 사람의 어제일 것이다. 심지어 그것이 이미, 만약 그것이 이미 다른 나일지라도. 나의 즐거움은 어제로부터, 어제의 변형으로부터, 타자로부터, 타자의 도래에서 비롯된다."[44]

데리다가 말하듯 기쁨과 즐거움은 애도에서 나온다. 어제에 대한 노스탤지어, 어제의 나는 더 이상 없다는 것. 그리하여 이미 우리는 흔적이고 교차이고 얽힘이라는 것. 그렇다면 오늘의 나는, 어제의 너는 도래할 타자일까? 그가 한때의 나이고, 내가 한때의 너라는 것을 우리가 만약 희미하게나마 기억해 낸다면 삶은 더 괜찮아질까? 별자리를 이루고 있는 별들처럼, 누구도 삶을 혼자 짊어지지는 않기에.

44　Derrida, *The Beast and the Sovereign*, vol. 2, 52-54.

참고문헌

1. 자크 데리다의 저서, 논문, 그리고 세미나와 인터뷰 모음집

Jacques Derrida, *Writing and Difference*, trans. Alan Bass. Chicago: University of Chicago Press, 1978.

_____, *Positions*, trans. Alan Bass. Chicago: University of Chicago Press, 1981.

_____, *Margins of Philosophy*, trans. Alan Bass. Chicago: University of Chicago Press, 1982.

_____, *Limited Inc.*, trans. Samuel Weber and Jeffrey Mehlman. Evanston: Northwestern University Press, 1993.

_____, *Specters of Marx*, trans. Peggy Kamuf. New York: Routledge, 1994.

_____, *The Gift of Death*, trans. David Wills. Chicago: University of Chicago Press, 1995.

Jacque Derrda, *On the Name*, trans. D. Wood, J. P. Leavy Jr. & I. McLeod. Stanford: Stanford University Press, 1995.

_____, *Points...Interviews, 1974-1994*, trans. Peggy Kamuf et al.

Stanford: Stanford University Press, 1995.

_____, *Monolingualism of the Other or the Prosthesis of Origin*, trans. Patrick Mensah. Stanford: Stanford University Press, 1998.

Jacques Derrida and Maurizio Ferraris, *A Taste for the Secret*. Polity, 2001.

_____, *Acts of Religion*, ed. Gil Anidjar. New York: Routledge, 2002.

_____, "Terror, Religion, and the New Politics", in *Debates in Continental Philosophy: Conversations with Contemporary Thinkers*, ed. Richard Kearney. New York: Fordham University Press, 2004.

_____, "Nationalité et nationalisme philosophique: mythos, logos, topos. Le Timée de Platon-khora", *Theoria* 48, no. 3~4(2005): 45~60.

_____, "Rams", in *Sovereignties in Question: The Poetics of Paul Celan*. New York: Fordham Up, 2005.

_____, "Abraham, the Other", in *Judeities: Questions for Jacques Derrida*, ed. Bettina Bergo, Joseph Cohen, and Raphael Zagury-Orly, trans. Bettina Bergo and Michael B. Smith. New York: Fordham University Press, 2007.

_____, "A Certain Impossible Possibility of Saying the Event", trans. Gila Walker, *Critical Inquiry* 33, no. 2(Winter 2007): 441~461.

_____, "Letter to a Japanese Friend", trans. David wood and Andrew Benjamin, in *Psyche: Inventions of the Other*, vol. 2, ed. Peggy Kamuf and Elizabeth Rottenberg. Stanford: Stanford University Press, 2008.

_____, "How to Avoid Speaking: Denials", trans. Ken Frieden and Elizabeth Rottenberg in *Psyche: Inventions of the Other*, vol. 2, ed. Peggy Kamuf and Elizabeth Rottenberg. Stanford: Stanford University Press, 2008.

_____, *The Beast and the Sovereign*, vol. 2. Chicago: University of Chicago Press, 2011.

_____, "Christianity and Secularization", trans. David Newheiser, *Critical Inquiry* 47, no. 1(2020): 138~148.

_____, *Hospitality*, vol. 1, trans. E. S. Burt, ed. Pascale-Anne Brault and Peggy Kamuf. Chicago: University of Chicago Press, 2023.

2. 기타 문헌

Adam Knowles, "Toward a Critique of Walten: Heidegger, Derrida, and Henological Difference", *The Journal of Speculative Philosophy* 27, no. 3(2013): 265~276.

_____, *The Cambridge Heidegger Lexicon*, ed. Mark Wrathall. Cambridge: Cambridge University Press, 2021.

Emmanuel Levinas, "The Trace of the Other", in *Deconstruction in Context: Literature and Philosophy*, ed. Mark C. Taylor. Chicago: University of Chicago Press, 1986.

Franz Kafka, "The Burrow", in *The Complete Stories*, ed. Nahum N. Glatzer, trans. Willa and Edwin Muir. New York: Schocken Books, 1971.

Friedrich Wilhelm Eickhoff, "On Nachträglichkeit: The Modernity of an Old Concept", *The International Journal of Psychoanalysis* 87, no. 6(2006): 1453~1469.

Geoffrey Bennington, "Derridabase" in *Jacques Derrida*. Chicago: University of Chicago Press, 1993.

_____, *Interrupting Derrida*. London: Routledge, 2000.

_____, *Not Half No End: Militantly Melancholic Essays in Memory of Jacques Derrida*. Edinburgh: Edinburgh University Press, 2011.

Jack Reynolds, "Jacques Derrida", in *The Internet Encyclopedia of Philosophy*, ISSN 2161-0002, https://iep.utm.edu/jacques-derrida/.

John Keats, *Selected Letters of John Keats: Based on the Texts of Hyder Edward Rollins*, ed. G. F. Scott. Cambridge, MA: Harvard University Press, 2005.

Kristian Olesen Toft, "Translating Khora", *Derrida Today* 17, no. 1(2024): 82~96.

Leonard Lawlor, "Jacques Derrida", in *The Stanford Encyclopedia of Philosophy*, ed. Edward N. Zalta and Uri Nodelman, Summer 2023 Edition, https://plato.stanford.edu/archives/sum2023/entries/derrida/

Lisa Foran, *Derrida, the Subject and the Other: Surviving, Translating, and the Impossible*. New York: Palgrave Macmillan, 2016.

Mark Dery, *Escape Velocity: Cyberculture at the End of the Century*. New York: Grove Press, 1996.

Mauro Senatore, "Jacques Derrida: A Biographical Note", in *Jacques Derrida: Key Concepts*, ed. Claire Colebrook. New York: Routledge, 2014.

Michael Erdheim, "Psychoanalyse, Adoleszenz und Nachträglichkeit", *Psyche* 47, no. 10(1993): 934~950.

Pádraig Hogan, "Deference and Difference in the Tenor of Learning", *Studies in Philosophy in Education* 22(2003): 281~293.

Rainer Maria Rilke, *Selected Poetry*, trans. Stephen Mitchell. New York: Random House, 1982.

Paul Celan, "Grosse, Glühende Wölbung", *Atemwende*. Frankfurt am Main: Suhrkamp, 1967.

Penelope Deutscher, *How to Read Derrida*. New York: W.W. Norton &

Company, 2006.

Plotinus, *Enneads*, trans. A. H. Armstrong, Loeb Classical Library. Cambridge: Harvard University Press, 1988,

Reiner Schürmann, *Broken Hegemonies*. Bloomington: Indiana University Press, 2003.

Sigmund Freud. "Thoughts for the Times on War and Death". in *The Standard Edition of the Complete Psychological Works of Sigmund Freud*, vol. 14, On the History of the Psycho-Analytic Movement, Papers on Metapsychology and Other Works, trans. James Strachey. London: Hogarth Press, 1957.

변지영, 『순간의 빛일지라도, 우리는 무한』, 그린비, 2024.

_____, 『우울함이 아니라 지루함입니다』, 필로소픽, 2024.

아즈마 히로키, 『존재론적, 우편적: 자크 데리다에 대하여』, 조영일 옮김, 도서출판b, 2015.

찾아보기

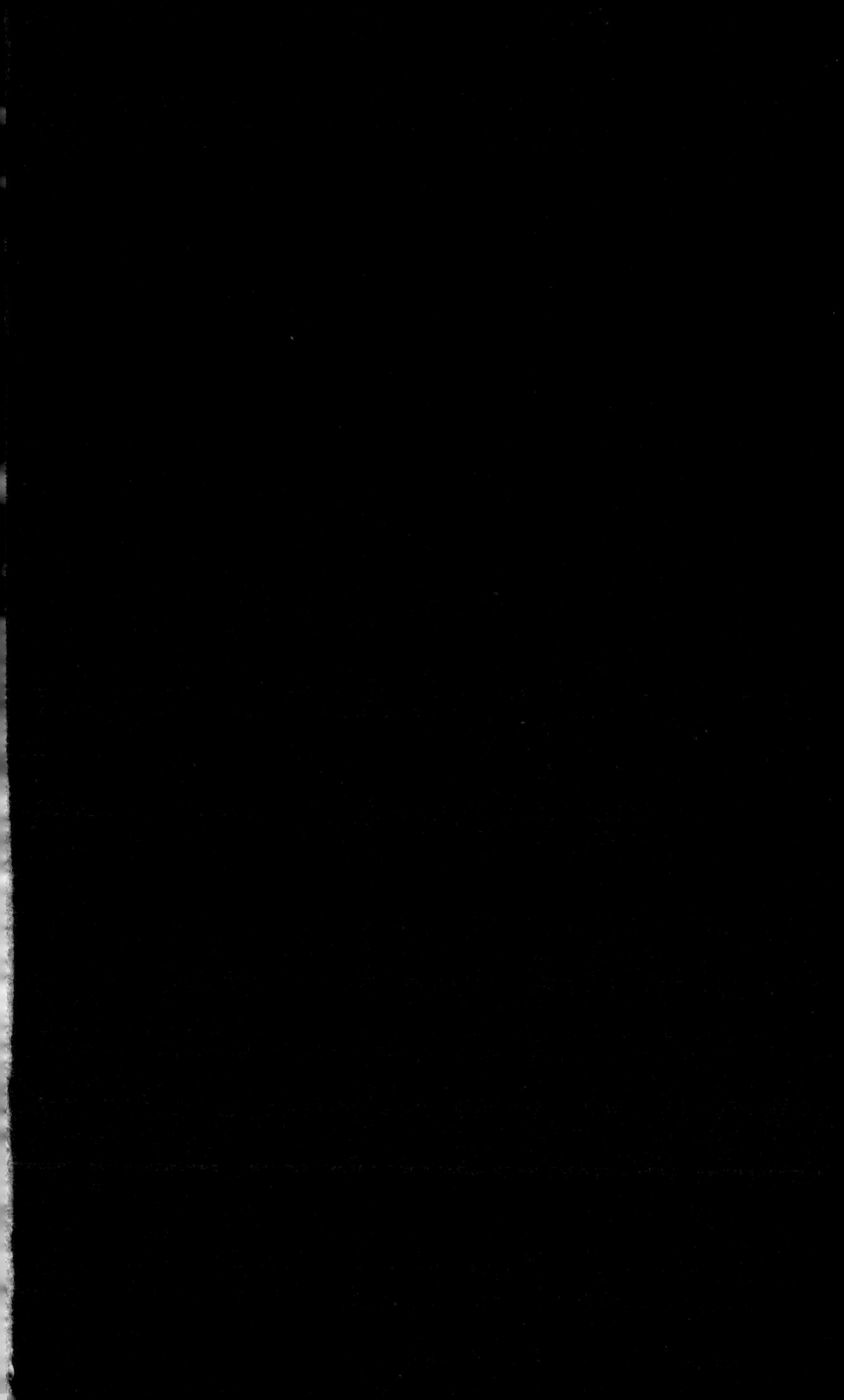